U0554589

丸山真男
リベラリストの肖像

丸山真男
一位自由主义者
的
肖像

[日] 苅部直 著
唐永亮 译

中国人民大学出版社
·北京·

译文凡例

1. 译文主要以『丸山眞男―リベラリストの肖像―』第 9 次印刷本（岩波書店、2014 年 10 月。2006 年 5 月初版）为基础，并参考了英文版 *Maruyama Masao: and the Fate of Liberalism in Twentieth-Century Japan*（translated by David Noble，International House of Japan，2008）译出。

2. 为了读者阅读方便，将正文括号中的注释，均改为页下注。其中，有些注释参考了英文版的注释。

3. 为了便于读者做进一步研究，译者参考英文版对书后参考文献做了补充。

4. 根据作者意见，对第 9 次印刷本中的个别之处做了调整。

5. 译者所加的注，皆标记为"译者注"。

中文版序

丸山真男①（Maruyama Masao，1914—1996年）是20世纪40年代初期到90年代颇为活跃的政治学者、思想史学家，在二战以后的日本学界和言论界有很大影响。他的思想即使在现代日本也产生了广泛影响，其著作和论文除汉语外，还被翻译成英语、德语、法语，为全世界的日本研究者所熟知。在中国，20世纪90年代区建英等人开始翻译、介绍丸山的著作，此后，以本书译者唐永亮先生为代表的诸多研究者推进了对丸山思想的研究。

但是，超越日本研究界，在广泛的中国社会又是怎样理解丸山的呢②？我尝试通过"百度百科"查找"丸山真男"（2021年1月），发现了关于丸山真男的如下介绍。对于日本研究毫无知识的人，如果在中国网络上查询"丸山真男"，应

---

① 对于自己的名字，丸山真男喜欢用繁体字，写成"眞男"，在日本出版的丸山著作中也多表记为"眞男"。本译本使用现在中国通行的简体字，表记为"真男"，只在日文著作书名中使用"眞男"这一表记方法。

② 关于中国现在流行的是何种思想，都讨论什么问题，我的知识仅限于在日本出版的王前著《在中国被读到的现代思想——从萨特到德里达、施密特、罗尔斯》（讲谈社，2011年）一书中的内容。因此，对于该书所未涉及的其后时代的情况，我一无所知，故对于中国的情况我的理解也可能存在很多误解，请中国读者原谅。

该首先接受的就是如下记述吧。

> 丸山干治之子，生于大阪，毕业于东京大学法学部，后留校任教。他培养了一批研究者，形成丸山学派的学风。他的思想承继德国黑格尔思潮，融入韦伯、舒茨、曼海姆等德国知识社会学家的理论，成名作《日本政治思想史（研究）》，影响日本现代人文学科的各个层面。1950年前后参加和平问题谈话会，十分活跃，从此时到1960年的安保斗争，他的言论对现实的运动发挥了一定作用。但作为一种反作用，也受到很大的批判，东大斗争以后，不再对现实问题发表看法，重新回归日本思想史的研究。

无论是在中国还是在日本，遍及网络上的信息多含有错误或过时的知识，遗憾的是上述引文即属此例。该段文字是以竹内理三、田中彰等编的日文版历史辞典《日本近现代史小辞典》（角川书店，1978年）为蓝本的，写于40多年前。日文原文执笔者大概是历史学家佐佐木隆尔（日美关系史方向）或是神田文人（社会运动史、政治史方向），两人都不是政治学或思想史方面的专家。20世纪70年代，在日本几乎没有人从事1945年以后日本思想史的研究。

"他的思想承继德国黑格尔思潮，融入韦伯、舒茨、曼海姆等德国知识社会学家的理论"这句话在日文原文中没有，是"百度百科"中新添加的内容。该句的评价是错误的。之所以认为丸山继承了黑格尔（Hegel）思想，大概是看到了丸山在论文《近世儒教的发展中徂徕学的特质及其与国学的关联》开头部分引用了黑格尔著《历史哲学讲义》中的一节这一事实,但是丸山在青年时代首先开始热衷阅读的是新康德学派的哲学著作,此后才阅读到黑格尔和马克思(Karl Marx)的著作。

韦伯(Max Weber)与曼海姆(Karl Mannheim)的著作确实对丸山的思想史研究方法有所影响,但是就我所能见及的资料,没有显示丸山曾经阅读过舒茨(Alfred Schutz)的著作。就丸山整体思想来看,不仅仅是德国的法学、社会学,从18世纪法国的启蒙思想和20世纪初期英美的政治多元主义理论中学习到的内容也同样重要。上述误解出现在"百度百科"这一网络辞典中,说明在中国关于丸山思想的研究还不够充分。

近年来,在日本,丸山真男相关资料的发掘又取得了进展。上面引用的《日本近现代史小辞典》中"丸山真男"词条中写有:在1968年东京大学学生运动后,丸山停止了就现实政治运动发表言论,这个理解是不正确的,这一点现在已经明确。如果查找丸山的著作集《丸山真男集》就会明白,从20世纪60年代前半期开始,丸山控制自己在杂志和报纸上发表关于现实政治的论考。他一方面减少在大众媒体上抛头露面的次数,但另一方面在非正式的、少数人聚会的场合,也会对现实政治积极发表言论。这种聚会的场合指的是讲演、座谈会等,在丸山去世后,其在上述场合的发言被转成文字,结集而成《丸山真男话文集》正·续全7卷(MISUZU书房,2008—2014年),现在读者们可以方便地进行阅读①。

本书的日文版出版于 2006 年，已经过去了 15 年。通过这期间所刊行的资料，判明其中也存在个别错误，此外包括现在没有必要强调的表述，我在中文版中都做了修订。这也是中文版与日文版的不同之处②。中文版的脚注结合英文版的脚注标注得颇为翔实，对于想要进一步深入研究丸山真男的人大概会有所帮助。

本书的内容及特色是容易阅读，作为著者的我，也不想在中文版序中因过多说明而妨碍读者自由阅读。但是，为了读者理解丸山真男的思想，我想就以下应该注意的几点加以说明。

---

① 2006 年以后出版的关于丸山的资料集、研究书籍之中，较重要的有：《丸山真男集　别集》第 1-4 卷（『丸山眞男集　別集』第 1-4 卷、岩波書店、2014—2018 年。第 5 卷也计划要出版了）；《丸山真男讲义录》别册 1・2（『丸山眞男講義録』別冊 1・2、東京大学出版会、2017 年）；松泽弘阳、植手通有、平石直昭编《定本　丸山真男回顾谈》上下（松沢弘陽・植手通有・平石直昭編『定本　丸山眞男回顧談』上下、岩波現代文庫、2016 年）；西村稔《丸山真男的"教养"思想》（西村稔『丸山眞男の教養思想』、名古屋大学出版会、2019 年）；清水靖久《丸山真男与战后民主主义》（清水靖久『丸山眞男と戦後民主主義』、北海道大学出版会、2019 年）；小尾俊人《小尾俊人日志 1965—1985》（小尾俊人『小尾俊人日誌　1965—1985』、中央公論新社、2019 年）；松泽弘阳《福泽谕吉思想上的格斗》（松沢弘陽『福澤諭吉の思想の格闘』、岩波書店、2020 年），以及一年刊行一辑的《丸山真男纪念比较思想研究中心报告》（『丸山眞男記念比較思想研究センター報告』），该书可以通过东京女子大学的网站 https：//www.twcu.ac.jp/univ/research/institute/maruyama-center/ 阅览。

② 写完本书后，我又发表了一些关于丸山的看法，请参阅苅部直《秩序的梦想——政治思想论集》（苅部直『秩序の夢――政治思想論集』、筑摩書房、2013 年）、《日本思想史引论》（『日本思想史への道案内』、NTT 出版、2017 年）、《日本思想史的名著 30》（『日本思想史の名著 30』、筑摩書房、2018 年）。本书所引杂志《丸山真男手帖》上刊载的丸山谈话后被再次收录于《丸山真男话文集》正・续全 7 卷（『丸山眞男話文集』、みすず書房、2008—2014 年）中。

第一，关于"近代"这一理想的定位。丸山真男经常被批判为"近代主义者"。这多是基于自称是超越"近代"这一资产阶级社会思想的马克思主义立场或后现代思想而做出的批判，抑或是重视"东洋""日本"文化传统的论者，批判丸山是崇拜"近代西洋"文化的思想家。

诚然，丸山在《现代政治的思想与行动》一书的英文版（1963年）序言中坦陈："我自身是18世纪启蒙精神（the eighteenth-century Enlightenment）的追随者，欣喜并自认自己是依然固守人类进步这一'陈腐'观念的人"①。从这一意义上说，丸山自己大概是喜欢并接受"近代主义者"这一称谓的。但是，丸山在1946年发表的《近代性思维》一文中曾批判20世纪三四十年代日本流行的"近代思想即西欧思想这一简单的等式化"及基于其上的"近代的超克"思想②。

因此，丸山作为理想而提出的"近代"确实是以18世纪西欧思想为模板的，但它事实上在18世纪和19世纪的欧美诸国并不存在。在丸山看来，"近代"指的是个人精神的自由、理性的自律、人与人待遇的平等化、民主政治，这些原理是超越时代与地域的全人类应该践行的理想。在这一点上，英国的政治学者伯纳德·克里克（Bernard Crick）在《现代政治的思想与行动》英文版的书评中给出的评价，颇为重要。他认为丸山是"运用了真正的政治理论的人"（a master of real political

---

① 『丸山眞男集』第12卷、岩波書店、1996年、48頁。
② 『丸山眞男集』第3卷、岩波書店、1995年、4頁。

theory)①。丸山不是解说日本政治和文化的人,而是能够超越文化与语言的差异,一起讨论、思考政治应当如何运用这一原理的人,克里克的这一评价是很高的。我真心希望本书的读者与丸山著作之间也能够产生围绕普遍性原理的对话。

第二,丸山没有采用日本文化是"东洋文化"一部分的理解方式,对一个民族持续将本土地域生发出的文化作为重要的"传统"加以保持这件事也不重视。但是,丸山从1956年在东洋(日本)政治思想史讲义中开始讨论日本与中国、朝鲜不同的思想特色。他指出从《古事记》神话到现代,日本的思想中一直存在着一定的思维形式,在后来的讲义和论文中将之称为"原型""古层""执拗低音"。归根结底,丸山是批判这种日本特色的,这种历史分析是丸山基于以下问题意识而进行的一次尝试,即为了实现更加普遍的思想,要解放思想。

丸山对于思想"传统"的理解,归根结底是强调有必要克服"植物主义式的想法"。所谓"植物主义"是指,只把自己生长的土地上产生的思想看作"传统",以此与"外来思想"相区别的思维方式。借用丸山的话,如果基于此种思维方式,对于欧洲各国人而言,生发于中东地区的基督教就不是"传统"了。因此,"产生于哪里,对于传统而言并不是第一要义的东西"②。

总之,按照丸山的想法,无论在哪个地域,思想的历史都充满着多样性,从来就有的思想与新思想常常冲突、融合,周

---

① *New Society*,no.67,1964。
② 座談会「伝統と現代をめぐって」、『丸山眞男座談』第8巻、282頁。

而复始。各种思想产生地点的差异作为评价标准而言只是次一级的指标。丸山极力批判的是：将好像是土生土长的"在某时代处于支配地位的思考方式"挑选出来，作为主流"传统"而一味地加以礼赞。丸山曾说过："不是支配性的，不是'时代的通念'（那个时代广泛共有的想法），但是这些过去无疑具有的想法如果能够自由地纺织出（现代思想）也是好的"。从这个意义上说，所谓"传统"是生活于现代的一个一个人在解释历史的过程中自由选择建构而成的①。

第三，丸山关于中国的评价是重要的。前面提到的论文《近世儒教的发展中徂徕学的特质及其与国学的关联》开头部分引用黑格尔的《历史哲学讲义》，把19世纪的清帝国作为"持续的帝国"加以否定。基于这个引用，丸山在1940年指出，18、19世纪的中国思想史看不到充满着争论的发展。但是，那之后丸山写道："在近代，国际上的压力还使近代的＝市民性的思想渐渐在中国社会得到普及，此时儒学第一次直面三民主义这一与自身完全不是一个系统的社会思想"②。从2014年刊行的《孙文与政治教育》（1946年）讲演记录可知丸山言及辛亥革命、三民主义的含义。在中国，20世纪初期，以儒学和西方思想为基础产生出来的三民主义思想，开拓出了一般民众意识变革以及与基于其上的民主政治实践相结合的新nationalism的可能性。丸山1940年言及三民主义的意图是，

---

① 「丸山眞男教授をかこむ座談会の記録」、『丸山眞男集』第16卷、岩波書店、1996年、94-97頁。

② 『丸山眞男集』第2卷、岩波書店、1996年、127-130頁。

指出其先进性，同时将其与没有发展出健全 nationalism 的 19 世纪 90 年代以后的日本相比较①。

丸山在第二次世界大战后，与中国文学研究者竹内好有亲密的交流，他强烈支持竹内关于中国近代化的见解，该见解的根本思想是从 1940 年开始高度评价中国的 nationalism。由此，丸山在日本与中华人民共和国恢复邦交后，开始与中国来日的留学生和知识人热心交流②。彼时丸山的内心大概存在作为日本国民对于侵略战争的赎罪意识吧，丸山对中国思想传统怀有深深的敬意，他认为传统思想将来的发展无疑在其内部已经孕育出了希望。

本译本通过唐永亮先生的忘我努力才得以问世，在此向他

---

① 『丸山眞男集　別集』第 1 卷、岩波書店、2014 年、85-116 頁。

② 请参见：区建英《对自由和民主深切的爱》（区建英「自由と民主への深甚なる愛着」、『丸山眞男集』第 2 卷付録・月報 9 号，1996 年 9 月）；《丸山真男话文集》第四卷（『丸山眞男話文集』第 4 卷、みすず書房、2009 年），第 192-353 页；《丸山真男书简集》第四卷（『丸山眞男書簡集』第 4 卷、みすず書房、2004 年），第 181-183 页；《丸山真男纪念比较思想研究中心报告》第 10 号（『丸山眞男記念比較思想研究センター報告』第 10 号、2015 年）。此外，还有研究者误解丸山的中国观是蔑视清帝国为"连续的帝国"，并将之与福泽谕吉的《脱亚论》联系起来加以批判。其福泽谕吉批判将以下三点作为理所当然的前提，即福泽谕吉提出了"脱亚入欧"，这个观点使日本帝国侵略中国得以正当化，其对同时代的许多读者都产生了影响，然而通过扎实的历史研究成果可知以上三点都是错误的。关于此问题，丸山的见解可见区建英译《福泽谕吉与日本近代化》（北京师范大学出版社、2018 年）以及《福泽谕吉的"脱亚论"及其周边》（「福沢諭吉の「脱亜論」とその周辺」、『丸山眞男話文集』第 4 卷所收）。坂野润治《近代日本与亚洲》（坂野潤治『近代日本とアジア』、ちくま学芸文庫、2013 年）、月脚达彦《福泽谕吉与朝鲜问题》（月脚達彦『福沢諭吉と朝鮮問題』、東京大学出版会、2014 年）、平山洋《"福泽谕吉"是谁》（平山洋『「福沢諭吉」とは誰か』、ミネルヴァ書房、2017 年）等研究，在这个问题上都是非常重要的成果，但这些成果尚未有中译本。

的学识和美意深表谢意，向为本书在中国人民大学出版社的顺利出版给予帮助的林美茂先生，以及在丸山真男研究方面我的前辈区建英先生表示感谢。希望在友情支持下而完成的本书，能够成为中国读者孕育出新希望的土壤。

苅部 直（Karube Tadashi）
2021 年 2 月

目 录

序章　思想的命运　　　　　　　　　　　　1
第一章　"大正一代"的童年　　　　　　　13
第二章　"政治化"的时代　　　　　　　　35
　　第一节　落后于时代的青年　　　　　　36
　　第二节　回到"近代"　　　　　　　　52
第三章　战中与战后之间　　　　　　　　69
　　第一节　明治时代已远去　　　　　　　70
　　第二节　日本思想中的"另类"传统　　82
　　第三节　八月十五日——结束与开始　　98
第四章　"战后民主主义"构想　　　　　107
　　第一节　从一片焦土中起步　　　　　108
　　第二节　与"天皇制"的诀别　　　　120
第五章　人·政治·传统　　　　　　　134
　　第一节　虚无主义的阴影　　　　　　135
　　第二节　超越"恐怖的时代"　　　　146
　　第三节　寻找另一种传统　　　　　　166

终章　他者感觉　　　　　　　　　184

参考文献　　　　　　　　　　　192
丸山真男年谱　　　　　　　　　202
译后记　　　　　　　　　　　　206

序章　思想的命运[①]

丸山真男（在自家书斋，1959 年）

[①] "思想的命运"一词来自林达夫的评论集《思想的命运》(『思想の運命』、岩波書店、1939 年)一书题目的启示。

夜幕低垂。就如人们时而低头沉思，夜幕紧紧地闭合起来。周围的人都在酣睡。一个小小的花招，一种毫无道理的自我欺骗：他们都以为睡在家中安全的床榻上，在坚固的屋顶下，或伸或蜷睡在床垫上，睡在床单上，睡在被窝里。其实他们和遥远的过去毫无二致，以后将还会这样，依旧聚集在荒凉之地，居于陋篷。一望无边的人群，一支大军，一个民族。他们在寒冷的天空下，在冰冷的地面上，在站立的地方倒头就睡，额头枕在胳膊上，面朝大地，香甜地睡去。你醒着，你是一位守卫者，你从身旁的枯枝堆中抽出一根燃烧的木棍，晃动着它寻找下一位守卫者。你为什么醒着？必须要有一个人醒着，这就是回答。必须要有一个人。……

（摘自弗朗茨·卡夫卡的《夜》）

丸山论之病

我认为似乎存在一种叫"丸山病"的东西。

一上来就把病挂在嘴上,或许有些不妥。但是,当我读到有些人写的有关政治学者丸山真男(1914—1996年)的著述时,就常会有这种感觉。

在战后日本,甚至近代日本,很少有人的思想如丸山真男那样受到如此多的批判。有人说,丸山是对西洋的近代不加批判而一味赞美的人,有人说他是脱离大众的启蒙家,还有人说他是沉浸于国民国家幻象中的民族主义者。在冷战时期,偏右的人把他视为迎合共产主义势力的学者而加以批判敲打,偏左的人则对他反激进的保守倾向口诛笔伐。

在这些批评意见中,有些是可以接受的,分析得也很透彻。

大概有人会站在我了解丸山真正所想的立场上,对上述意见口诛笔伐,而我认为过多地回应上述批评意见并无太大意义。我更关注的是,这些批判丸山的言论都带有一种独特热情的原因是什么。在这些文章中经常会散发出一种怨念:若不特意敲打下丸山就不舒服。实话实说,我猜测他们正是因为真的欣赏丸山,才喜欢对之采取一味批判的态度。

譬如,作家林房雄和三岛由纪夫在二人的对话集《对话·日本人论》(1966年)中,就把东京大学法学部教授丸山真男作为"战后派学者的代表"加以攻击。在二人的对话中充斥着诸如丸山等"进步学派诸君"把东京审判的结果作为"自己学说的第一原理",推进日本社会的"美国化",赞美工业化与休闲社会的到来等观点。林房雄就说道:

> 不仅仅针对的是丸山君,以他为代表的"战败学者"们的学问表面看起来是学问,但读起来却毫无学问可言。所谓学问,就是读起来会让人感叹,"哦,是这样啊",让人有种恍然大悟的感觉。"战败大学教授"的工作应是让读者茅塞顿开。①

真正的学问会让读者恍然大悟,这个观点在后文也会提到,重视与"他者"在思想上对话的丸山,对此也是赞成的。但问题是,恍然大悟中"悟"的内涵是什么?关于战争责任的讨论姑且不论,单是因倡导"美国化"和工业化而使日本社会陷入"精神颓废"的批评,就已经使丸山污名满身。归根结底,不将问题归罪于丸山他们就不舒服。然而,事实与林房雄和三岛由纪夫说的完全相反,他们的发言都针对的是丸山。林房雄比丸山早十一年,三岛由纪夫比丸山晚十年考入东京帝国大学法学部。

当丸山在一次同人杂志组织召开的座谈会上(1968年),被要求针对林房雄和三岛由纪夫的对谈发表意见时,他说:"我要公开讲,我事实上不仅对之置之不理,而且以轻蔑的态度对之不屑一顾。"② 丸山的这种应对方式在其他场合也曾有

---

① 林房雄・三島由紀夫「対話:日本人論」、『決定版三島由紀夫全集』第39巻、新潮社、2004年、595—596頁。
② 『丸山眞男座談』第7巻(全9巻、岩波書店、1998年)、300頁。

过，经常使批判者火冒三丈。对这种曲解误读的见解大概也只能这样来应对了。

同样，还有一种丸山真男研究热、甚至可谓热得要命的是对上述批判意见的反批判，而这些拥护丸山意见的人与持批判意见的人一样都对之乐此不疲。每次批判丸山的书籍一面世，在以继承丸山的思想和成果为导向的同人杂志上就会针锋相对地登载攻击该书的书。观之，令人唏嘘不已。对于那些如此卑劣的书籍，我们无视它们就可以了。一旦接触异质的意见就要激烈地反驳回去，这种封闭的态度恰恰是丸山努力批判的。

异样的热情

对丸山真男的讨论，就像患了热病似的。这当然也可能与丸山本人的个性有关。丸山在二战结束后不久，不仅在学界，在报刊上也异常活跃。他参加和平问题谈话会等活动，不断针对现实政治提出自己的建议，而让他的名字最终变得家喻户晓是在1960年（昭和三十五年）反对岸信介内阁与美国再次缔结《日美安全条约》的安保反对运动蓬勃发展之际[1]。

在此之前，自民党政府岸信介政权以种种方式孤立地、片断地对民主主义与宪法的"蹂躏"，在这一天晚上得到集中展现。该事件集中表现出了赤裸裸的暴力，而战后十几年来，在不同时期、不同问题上，散在于民主主义

---

[1] 在日语中，这一条约被称作《日美安全条约》（经常被省略为《安保条约》），而对此加以抵抗的运动则被称作安保反对运动。

运动中的理念和理想在此时也一举爆发出来，为我们捕捉到。如果我们认可19日到20日晚上发生的事件，就是承认权力可以为所欲为，就是承认权力是万能的。如果承认权力是万能的，那就是否定了民主主义。否定这一方，就是肯定另一方。肯定另一方，就是否定这一方。这就是摆在我们面前的选择。①

以上是丸山于1960年5月24日在东京神田教育会馆召开的"要求岸内阁总辞职、不承认新安保条约学者文化人集会"上，面对2 500名听众所做讲演的结尾部分。所谓"那天晚上"是指，5月24日集会发生前五天，也就是从5月19日开始到第二天，岸信介首相把警察部队引入众议院，将反对派社会党议员驱逐出会场，下决心强行通过新安保条约。这是在2万名反对新安保条约的学生和工人包围国会议事堂状况下采取的强制性措施。而与之相对抗，游行示威活动的规模进一步扩大，各家报纸也在社论中齐声讨伐岸信介对议会政治和民主主义的践踏。

丸山为社会上涌动的热情所感染，但他的话语中散发出的紧张感却不同寻常。他在讲演开头就指出，战后日本自民党政府内在包含的矛盾和危险性在"那天晚上"集中暴露出来，是承认"权力"的这一行动，还是批判它，由听众自己来决断。这种气魄简直就差要说：如果不否定"民主主义"这一理想，现在就必须出去游行。当然，不完全是因为丸山的讲演，集会

---

① 丸山眞男「選択のとき」、『丸山眞男集』（全17卷、岩波書店、1995—1997年）第8卷、350頁。

人群最终转移至国会,包括丸山在内的 50 名代表要求面见首相。他们在到达首相官邸后,在接待室里持续等待了 5 个小时。

印象的泛滥

被卷入安保反对运动旋涡中的丸山本人又是怎么想的呢?他在 1958 年召开的一次座谈会上,针对某篇文章以现代社会充斥泛滥的"印象",用国际社会东西阵营对立的冷战思维来评论"丸山学派"的做法表示了不同意见。

> 总之,美国对苏联抱有的印象是对苏联真正状况的极大歪曲,而这种印象自身不断扩展,历史就在这种现实里被塑造出来了。可以说,苏联的美国印象也是如此。在现代社会,无数的印象之网交织在一起,让人无法认清哪些是现实,哪些是幻象。即便在日常生活中,也可以真实地感受到这一点。我自己就深有体会,大概从去年开始,我们被称为丸山学派,这让我感到很意外。①

丸山上述发言的背景是:他的论文《日本的思想》(1957 年)发表后,引发了高见顺和花田清辉的批判,哲学家小松茂夫遂认为丸山等人是与马克思主义有所区别的社会科学家集团,应该给予关注,故将其命名为"丸山学派"②。丸山被社

---

① 丸山眞男ほか「戦争と同時代」、『丸山眞男座談』第 2 卷、230 頁。
② 小松茂夫「史的唯物論と「現代」」、『思想』395 号(1957)。

会上不断扩散的对自己的此种"印象"弄得疲惫不堪。据丸山后来的回忆录所载，在 1960 年安保反对运动中，"我强烈地意识到现实政治问题让我筋疲力尽，已无法专心从事日本政治思想史研究"①。他本人内心中是想埋头书斋专心于思想史研究的，但实际情况却是，受熟人所托又不得不投身于社会运动中。

　　生活在现代的人，无论是谁都被迫在政治上做出某种"选择"，这就是丸山一直以来讨论的问题。媒体上、社会上谣言四起，人们被各种有关"现实"的"印象"包围着，很难认清哪种才是真正的现实。然而，即使如此，我们也要对政治问题表达自己的态度。丸山在 1960 年 5 月 3 日召开的宪法纪念演讲会上，就公开表达过这个观点（《现代的态度决定》）。所以，致力于拥护民主主义的知识人形象的形成并非空穴来风，尽管丸山是受熟人所托不得不发表讲演、撰写文章，但其所发表的内容是原因所在。他那扣人心弦的叙述方式，塑造了丸山的民主主义者形象，并通过媒体报道得以进一步放大。

　　在丸山看来，市民表达"态度决定"的方式，不只有在集会讲台上发言、参加游行活动。他所倡导的是于日常生活中的小事上日积月累的选择。丸山本人并不想在媒体舞台上抛头露面，当然这与他的政治思想并不冲突。

分歧与矛盾

　　丸山向民众热切倡导"抉择的时刻"，而当这一问题刚刚

---

① 『丸山眞男集』第 15 卷、339 頁。

为人们关注,他就想抽身而退。这种做法不完全是丸山为人处世这种表面态度的选择,有其内心更为深刻的心理动因。丸山在"大学纷争"＊后的1969年写给安田武的信中这样感叹:"我本人束手无策了,关于丸山的印象正在蔓延,紧紧地包围着我。"① 毋庸置疑,这是喜欢经常把隐遁挂在嘴边的丸山的内心真实告白,其中也包含着丸山对身处作茧自缚境地的痛苦自觉。

丸山语言中所饱含的热情恐怕就是从其发现自己内心的纠葛而散发出来的,甚至连阅读这些文章的读者也都会被感染。例如,丸山已深深意识到,政治参与和隐遁两种相互矛盾的诉求,在自己内心深处是同时存在的,他也认识到优柔寡断是可耻的,故而努力将自己推向某个方向。这就使他的文章读起来有强烈的紧张感。世间流传的丸山形象以及由此产生的各种说法,使丸山思想中突出的部分更突出了。

因此,我们在思考丸山其人与他的思想时,最关键的是拨开围绕丸山的"印象层",避开已有的各种各样"丸山论"模式的影响,追寻其内在实质。总之,把丸山描绘成战后"进步派"知识人、拥护民主主义思想家的形象,也不完全错误,但像敲开鸡蛋从中取出蛋黄一样,想要将思想家的真实意图完全再现出来,这与其说是自不量力,毋宁说是滑稽可笑的。

＊ "大学纷争"是继安保反对运动之后,于20世纪60年代末发生的学生运动的第二次高潮,主要诉求是反越战、反安保和争取大学自治管理。——译者注

① 着重号为原文所加,『丸山眞男書簡集』(全5卷、みすず書房、2003年)第1卷、185頁。

问题发现型思考

那究竟应该怎样来理解丸山的思考方法呢？在这方面存在两种分歧很大的意见。丸山在追忆中国法制史研究大家仁井田陞的座谈会上，将学者分为"体系建设型"和"问题发现型"两类。前者在自己思想中存在一个体系，他们想的是如何将一个个问题纳入自己的体系中。与之相对，后者采取的态度是，"在现实之混沌不清中发现新的视角"①。这种分类方法不仅适用于专门从事研究的学者，也可广泛用于分析一般思想家。

我本人也曾想过自己属于这两种类型中的哪种呢，这个问题暂且不提。从丸山的文章与谈话中可以看出他的思考方式属于两种类型的混合。丸山所追求的是把历史放在追求"近代"自由民主理想的过程中来把握，并确定各个时期的现实离理想的目标还有多远，具有"体系建设型"的一面；而在政治和日本思想文化方面，为回应时代的需要，丸山做过各种讨论，其思想轨迹中又具有浓厚的"问题发现型"的痕迹。

在此我想指出的是，无论是批判丸山的言论，还是拥护他的言论，大概都过于把其视为"体系建设型"思想家，而未对之采取全面的传记叙述。丸山在时代的转变中，发现了各种问题，并采取了能动的应对姿态。现在我们阅读这些作品，还是能从中读出非常丰富的内容。丸山一生经常思考"现代"问题，并一一加以讨论。重要的是，他在不断地思考，也正因如

---

① 『丸山眞男座談』第 7 卷、89 頁。

此，他的思想才具有生命力。

友人的视点

讨论丸山真男的思想与人格的文章数量众多，包括批判性文章在内，绝大部分文章都是由受到过丸山的影响或者比丸山年轻的人写出来的。因此，这些评论一开始就将丸山称为"先生"或思想界的"泰山北斗"。这对于丸山自身，对于那些企图从周边文献来了解丸山其人的后世学者来说都是一种不幸。年轻人对待先行者，很容易先入为主地怀有道听途说来的印象，而往往没有机会修正它。

当然也有例外。譬如，丸山的好友、作家武田泰淳的夫人百合子在她的游记《狗狗看到了星空——俄罗斯旅行》（1979年）中写了如下一段话[1]。武田夫妻、中国文学研究者竹内好与丸山家相交甚笃，1969年（昭和四十四年）相约去俄罗斯旅行，在归途中顺访哥本哈根。在此期间的一个早上，在蒂沃利公园的饮食店里有如下一段对话。

百合子：那个人是谁？抱着一个皮包，在蒂沃利公园里一直朝前走着。

一个可以清清楚楚看到侧脸的绅士，在对面的池塘岸边步伐沉稳地走着。

竹内：像是一位大学老师啊。

---

[1] 武田百合子『犬が星見た―ロジア旅行』、中公文庫、1982年、328頁。

百合子：像是丸山（真男）……（括号为原文所加）

竹内和我先生开始谈论丸山的事情，谈论了很长时间。"丸山现在在做什么呢？咱喝着啤酒，心情很好啊。啊！心情好。"我丈夫往自己和竹内的杯子里倒满啤酒。竹内也一边哈哈大笑，一边说："我心情也很好"。两人又都把杯中的啤酒一饮而尽。

他们到底说了丸山什么事呢？三人中，竹内好和武田泰淳比丸山年纪稍长，武田百合子比丸山小11岁。三个人对丸山的看法都含有敬爱和戏弄之意，就像平等的朋友一样。那时他们到底说了什么，现在已经无从得知。

想象着我们自己也一手拿着啤酒加入他们的谈话中一样，通过接触丸山的著作来解读丸山。全方位描绘丸山的思想及肖像，就交由以后的传记学者来完成吧。本书仅以此为视点，重新解读丸山留下的言论，犹如与他本人展开问答一样，追寻他围绕"现代"的人与政治及"日本"这一空间的思考轨迹。

第一章 "大正一代"的童年

上：明治末年的四谷大街（东京市编《东京导览》下卷，1907年）
下：由左至右为丸山真男、丸山的父亲丸山干治、丸山的兄长丸山铁雄

给受灾者的一封信

1995年（平成七年）1月17日早上，一次震级为7.2的大地震袭击神户、淡路岛附近。在这场大地震中，死者超过6 000人，难民人数达31万①。地震给人们造成巨大打击，即使十多年后回想起来，当时的场景仍然历历在目。

翻开丸山的书信集，我们发现在那次大地震发生后不久，他就给居住在阪神地区的几位朋友发去了慰问信。那时丸山已满80岁，离他逝世还有1年零7个月，可谓他生命最后的时光。大概在一年前，丸山被发现患上肝癌，从此处于反复手术、住院、出院的阶段。尽管如此，他仍心系朋友，地震发生四天后，在给作家小田实的信中，丸山这样写道：

> 1923年发生关东大地震时，我正住在四谷爱住町。那时候上小学四年级，从9月1日开始的一周时间，差不多每一天我今天都记忆犹新，恍如昨日，而那之前之后的事情却几乎没什么印象了。……儿时大地震的经历，小学一年级结束前住在芦屋市的回忆，那时候，从房屋二层的窗口每天眺望六甲山及山脚下疾驶而过的东海道线列车，以及穿过阪神电车道去精道村普通小学求学的经历，唤起了我对这次突如其来的灾难的关注，这种感觉与最近袭击奥尻岛的海啸、去年年底三陆海岸地震时完全不一样，我

---

① 阪神大地震为大家所熟知，阪神指的是大阪和神户沿岸的大阪湾地区。

的头脑中马上想起了小田先生及您的家人。①

无论是在这封书信中，还是在其他书信中，丸山都表达了虽然自己身体不便，但仍想要做点什么的愿望。两个月后，丸山在给另一位朋友的慰问信中也提到了对关东大地震的记忆。作为一个孩子目睹了"在极度恐慌之际，人性中强烈的自我主义和与之相反自然而然产生出的利他精神"，"这归根结底是我一生最重要的一次体验"②。因为幼年曾经在阪神地区生活过而对之有亲近感，引发了丸山有关大正年间关东大地震的种种回忆，言语中深切表达了对受害者的殷殷同情。

诞生

从这封信中也可以看到，丸山真男出生于日本阪神地区。1914年（大正三年）3月22日，作为政论记者活跃于新闻界、在《大阪朝日新闻》崭露头角的丸山干治（侃堂，1880—1955年）的第二个孩子丸山真男出生于大阪。

在此前不久，丸山干治受命去美国单身赴任，他的妻子SEI（1884—1945年）在着急为他收拾行李时早产。"所以，即便现在我的身体还到处出毛病"。这是丸山后来回忆当年时说的话。丸山在婴儿时期抬头时间晚，看到他的样子，SEI同母异父的哥哥井上龟六（嵩村）——也是著名的政论记者、时

---

① 『丸山眞男書簡集』第5卷、186-187頁。
② 『丸山眞男書簡集』第5卷、196頁。

任政教社社长，拿木偶来形容小丸山，叫他"文乐、文乐"①。在小学运动会上，丸山经常备受屈辱，因此很长一段时间他对《朝日新闻》都心怀怨恨，直到他获得朝日新闻奖，这种情绪才一扫而空。这是他72岁时获得朝日新闻奖时发表的获奖感言中提到的话②。

丸山真男出生那年7月，欧洲爆发了第一次世界大战。干治作为特派员被派过去工作一年半，在美国和英国负责战争报道。他回国后，丸山一家先是住在现在的芦屋市打出町，接着搬至精道町。在打出町时，1918年（大正七年）8月，丸山经历了"米骚动"。在日本出兵西伯利亚的同时，日本国内米价飙升。以此为契机，日本国内爆发了一次全国性大暴动——"米骚动"。即使在丸山家生活的关西地区，运动也异常激烈。丸山家附近有家名叫丸山的米店，为了避免被群众误袭，丸山一家人在夜里关上灯，屏气息声坐在一起。"松明的光映射玄关，可以听到窗外人群蜂拥而过的声音，真的好可怕啊！"③——这个搅动了日本社会的大事件是在丸山的记忆里第一次出现。

"大正之子"

第一次世界大战、米骚动以及那个时代在日本社会产生巨

---

① 『丸山眞男集』第16卷、150頁。
② 『丸山眞男集』第16卷、366頁。
③ 『丸山眞男集』第16卷、152頁。

大影响的事件，也由于丸山的父亲是评论记者，这些事件从丸山幼年开始就对他的生活产生了直接影响。战后，在一次同安倍能成、大内兵卫等明治时代出生的学者专家共同出席的座谈会上，丸山在发言中说："我是这个座谈会上唯一一位大正之子"①。确实，他是呼吸着大正时代的空气，从孩童时代就切身感受着社会的变化而成长起来的人。所谓"大正之子"这一自我称谓相比一般所谓的大正出生的人，意义要深刻得多。

关于大正时代，后来已成为思想史家的丸山曾评价道，这是"在日本近代史上社会危机意识最松弛的时代"。世界大势正朝着民主主义和和平主义发展的乐观主义在社会上广泛传播。这是对那种"整体乐观"时代的偏于否定的评述②，是与昭和恐慌之后日本社会出现的危机感相对照而得出的结论，我们应从这个角度来理解丸山的大正时代观。比丸山年长14岁、亲身目睹大正社会变迁的历史学家大久保利谦（1900年出生）对大正时代的特征是这样描述的：

> 大正民主主义的代表理论家吉野作造的民本主义成为具有导向性的社会舆论。民主化的风潮波及这个时代的文化、国民生活的方方面面，西洋文化作为现代的东西被广为接受，大正风气取代明治风气，成为时代新风。随着经济和社会的发展，大众中公司职员和工人比例日益提高，传统习惯遭到抛弃，倡导建立合理化文化生活，衣食住方

---

① 『丸山眞男座談』第2卷、238頁。
② 『丸山眞男座談』第3卷、144頁。

面的西洋化日益明显。女性走入社会也成为大正时代的一个显著特征，职业女性的出现也是女性追求解放与自立的社会要求。①

毋庸置疑，这一时期城市与农村的经济、文化差距还很大，仅以城市的动向来描绘不能说明这个时代的现实状况。然而，整个大正时代，城市的扩展令人瞩目，以大久保所谓的"公司职员"和"工人"，即中产阶级为基础的一种新文化已经产生。民主主义论、和平主义论以及西洋式服装、住宅也都在这一社会变动中得到普及。丸山30多岁时在一次与明治时代出生的大内兵卫（淡路岛出生）和南原繁（香川出生）共同出席的座谈会上将自己称为"没有家乡的知识分子"②。因为他是这个城市的新人，是作为第二代成长起来的一代人。

手工制作的书

少年丸山跟随家人一起搬到了东京四谷区爱住町，1923年（大正十二年）就在这里经历了关东大地震。此后不久，作为普通小学四年级学生的丸山做了一本名为《恐怖的大地震大火灾之回忆》的手工小册子③。前文中刚刚引用的丸山晚年的书信中也曾写到他对人之"利他精神"的感慨，还以儿童的语

---

① 「大正時代」、『国史大辞典』編集委員会編『国史大辞典』第8卷、吉川弘文館、1987年。
② 『丸山眞男座談』第3卷、54頁。
③ 「みすず」編集部編『丸山眞男の世界』、みすず書房、1997年。

言批判了"自警团"* 对朝鲜人的"暴行",很有意思。"哎呀,捐献的东西堆积如山啊!包、教科书、草鞋,甚至木屐都从日本全国各地邮寄过来了。当然,也不仅限于日本。寄来的食品堆积如山,来自世界各国各地真切的同情让人感动得热泪盈眶。"① 丸山家很幸运,房子没有倒塌也未遭烧毁,而在他家附近随处可见失去家园过着逃难生活的人。全世界向这些受灾者伸出了援助之手,如此景象使少年丸山铭记于心,在其晚年面对阪神大地震时,那一段记忆和报恩情感又被猛地一下唤醒了。

值得关注的是,这本小册子是丸山亲手做的粗订本,在该书底页上写着"非卖品"字样。他晚年在回答一份题为"我最受感动的书籍"调查时,给出的答案是一年级时读到的岩谷小波写的《金蛋子》②。岩谷小波的童话、以立川文库为代表的儿童书籍在丸山家多有收藏,为丸山创造了良好的读书环境。也许跟父亲的藏书有关,丸山小学时代的外号是"书斋桑"**。此外,他还"喜欢英语",经常光顾丸善洋书店③。

丸山的父亲是一位出国回来的新闻记者,在芦屋和四谷接受过教育,家中有大量藏书,从很早开始就喜欢英语、电影、

---

* 自警团是日本各地以维护当地治安为名义而临时组织起来的民间组织,以退伍军人和地方青年为主体。——译者注

① 「恐るべき大震災大火災の思出」、「みすず」編集部編『丸山眞男の世界』、みすず書房、1997年、28頁。

② 『丸山眞男集』第16卷、302頁。

** 日语称为「ホンタクサン」,其中「ホン」为"书"的意思,"タクサン"表示很多的意思。——译者注

③ 『丸山眞男集』第11卷、18頁。

西洋古典音乐，仅从这些因素看，丸山属于典型的山手中产阶级①。他与福泽谕吉的四女儿志立泷（Shidachi Taki）的对谈"日常生活中的福泽谕吉与英语教育"（1966 年）印证了这一点，丸山亲口说：志立"阿婆对我说的话，我都视若珍宝，即使她说的都是些无聊的事，我也觉得很重要。像她那样满口东京腔的人已经很少了"②。

这场对谈一直在充满着对已逝时代的伤感中进行着。丸山精神的育出大概最首要的因素是，像志立泷这样说话的、战前居住于山手地区的中产阶级所具有的成熟的文化生活。就如竹内洋所言，这种生活方式与教养主义风潮结合在一起，从大正时代到昭和时代，人们通过大量享受优秀哲学与艺术，提升了自我人格。这种生活是许多高中生和大学生向往的。那个时代，人们憧憬的就是这种考究的文化环境与行为举止③。直到战后某个时期，丸山的著作一直被视为教养书籍为人们广为传阅，也是情理之中的。

微妙的山手

在与志立泷的对谈中我们可以看到，在讨论语言用法时，

---

① 山手是一个不明确的地区概念，但大体位于东京西北高岗地区的文化重地，很大程度上是由德川幕府时期武士占领居住的地区，近代以来成为国内新兴中产阶级工薪劳动者和专门职业者的聚居地，在西方社会它可能被看作"上层人士的住宅区"，是与下町这种底层工人阶级居住的"下层人士聚居区"相对而言的概念。
② 『丸山眞男座談』第 7 卷、25 頁。
③ 竹内洋『丸山眞男の時代―大学・知識人・ジャーナリズム―』、中公新書、2005 年、34-36、179-182 頁。

丸山认为自己的童年时代实际上可以从东京山手语的世界微妙地表现出来。生活在那个世界里，却又明显感到自己不完全属于那里，所以他才对语言的用法格外敏感。

在对谈中丸山回忆，少年时代居住的四谷爱住町一带"地处山手，但语言用法却接近于下町"。换句话说，那里是"庶民居住区，而非山手阶级的住宅区"。刚搬过来住时，丸山"被认为操着'一口农村腔'而备受欺负"①。实际上，丸山一家搬到爱住町的原因很复杂，与当时的时代背景也有密切关系。前文提到，遭遇"米骚动"，那时丸山干治所属的《大阪朝日新闻》对当时的政府——寺内正毅内阁展开了激烈的批判。1918年（大正七年）8月，因在报道为弹劾内阁而举行的关西记者集会活动的新闻中，使用了"白虹贯日"的说法被政府抓住把柄，称这个词让人联想到天皇，下令禁止发售该期报纸，并以违反报纸法为由将执笔记者告上法庭。《大阪朝日新闻》的社长遭到右翼袭击，不久辞职。而后以该报编辑局局长鸟居素川为首，长谷川如是闲、大山郁夫等许多人都同时退出报社，这就是所谓"白虹事件"。

在报社中担任通讯部长的丸山干治也在这些退社人之列，此后他与鸟居先生一起加入新创刊的《大正日日新闻》，但因经营不善不久宣告停刊。1921年（大正十年）春，干治作为评论委员、经济部长进入《读卖新闻》社，丸山一家也因此搬到东京，最开始住在四谷区麴町，后来又租住于爱住町。丸山曾回忆说，父亲担任《大阪朝日新闻》通讯部长时，家里好不

---

① 『丸山眞男座談』第7卷、47—48頁。

容易宽裕了一些，"后来我家变得非常贫困，母亲也得辛辛苦苦地工作"①。

爱住町这个地方

丸山一家遭遇关东大地震时，正住在爱住町四十八番地（现在的新宿区爱住町八番地）。从普通小学三年级（8岁）到进入第一高中寄宿寮期间（17岁），丸山少年时代的许多时光都是在这里度过的。他的家坐落于商店林立的四谷大道（现在的新宿大街）与横街交叉的地方。与临街的位置不同，那里很安静，当时的陆军将校、官吏和公司职员多居住于此。据当时在大街边开五金店的一位比丸山年长4岁的男店主回忆，自己上小学时，在青山练兵场（现在的明治神宫外苑）和附近空地上，有很多人玩拍洋画、转陀螺、模仿战争和侦探的游戏，到了四五年级时会去看电影，这些是孩子们的娱乐活动②。丸山就是在这一地区和这种时代风气中成长起来的。

从这条大街再稍微向西走，在新宿御苑北边，曾经是内藤新宿的一个大游廊。随着御苑的进一步建设，游廊被转移至新宿二丁目。其后不久，丸山家也搬了过来。爱住町东边荒木町的花街非常繁华，街对面的东南方有一大片叫作鲛鲛桥的贫民窟。在丸山读书的四谷第一普通小学，"班级上三分之一的学

---

① 『丸山眞男集』第16卷、154頁。
② 根岸和一「『釘萬』に育って」、東京都新宿区立新宿歴史博物館編『内藤新宿の町並とその歴史』、新宿区教育委員会、1991年、107頁。

生都是来自贫民窟的孩子"。尽管丸山的母亲不让他们与贫民窟的孩子玩耍,但是丸山兄弟二人却时常与他们在一起①。丸山一家虽地处山手的新兴住宅区,广义上属于中产阶级,但生活环境却非常微妙。

政论记者的家系

丸山家租住于爱住町这件事本身与一般的官吏和公司职员有很大不同。尽管丸山干治是大报社的公司职员,但那时新闻记者未必被视为正经的职业。干治一边工作一边辛苦地在东京专门学校(现在的早稻田大学)求学,后来他中途退学跳槽到陆羯南任社长兼主笔的《日本》报社,后来又辗转换了三家报社,最后进入《大阪朝日新闻》社。他怀有对高学历精英的强烈排斥和轻蔑,经常对孩子们说:"讲台上的落语家相比官僚要伟大得多。落语家一个人能养活自己,而官僚却不行。"②

丸山干治与 SEI 间的缘分,来自 SEI 同母异父的兄弟、从《日本》报社记者转而成为政教社社长的井上龟六的牵线搭桥。爱住町的出租房也是井上帮忙在他家附近找到的。在那附近住着很多与《日本》报社和《日本及日本人》杂志有关系的新闻记者。丸山家还保存着干治与 SEI 结婚时井上赠送的新婚贺

---

① 『丸山眞男集』第 16 卷、157 頁。
② 堀真清「丸山幹治―忘れられた政論記者―」、河原宏ほか編『日本思想の地平と水脉』、ぺりかん社、1998 年、79 頁。

礼——画家水岛尔保布画的一副挂轴,由未来派转到无产阶级美术领域的柳濑正梦也经常来访。

退出《大阪朝日新闻》社后,在《我等》杂志上活跃的长谷川如是闲(1875—1969 年)也经常造访,与丸山一家相聊甚欢。丸山曾回忆说,对这位出身于东京深川商人家、站在自由主义立场上的知名文明评论家,母亲 SEI 要比父亲更加怀有深深的尊敬之心。话中展现了丸山父母在心理上复杂而微妙的差异①。

居住于山手地区,很早就熟悉洋风文化,过着安定的生活,如果说这些可谓大正时代教养主义风潮之理想的话,丸山少年时代生活的环境,要更加富有人情味,更加复杂和耐人寻味。

《君等要如何生活》

丸山喜欢英语和西洋古典音乐。他晚年时又说:"伴我成长的是电影"②。丸山很喜欢看电影。丸山少年时代的精神世界可以看出他确实是一个具有很好教养的都市少年。在他大学毕业后担任东京帝国大学助教时,读到吉野源三郎著少年小说《君等要如何生活》(1937 年)感慨不已,他感到书中正在读中学的主人公就像自己当年一样③。

---

① 『丸山眞男集』第 16 卷、163 頁。
② 『丸山眞男集』第 11 卷、34 頁。
③ 『丸山眞男集』第 11 卷、381 頁。

在该书中，担任大银行高管的父亲去世后，主人公举家从"位于市内的宅邸"中搬出到郊外，家中用人数量也减少了。丸山后来回忆，他曾感叹中学生"考培尔"一家过得"真是上流人的生活"。然而，实际上与他的回忆相反，丸山也曾与同学而非商店街、贫民窟的孩子说过"避暑地、滑雪场、温泉场"、感觉自己已经生活在接近于"考培尔"生活的世界，那个憧憬古希腊"优美文化"传统的世界。

对教养主义的批评

住在他家附近的舅舅井上龟六有很强的政治倾向，担任着国粹派政教社的社长。丸山小时候经常看到穿着"古风和服"的右翼出入舅舅家①。他后来回忆说，大概从中学时代开始，"不知为何很早就喜欢上了汉文"，可以背诵诸葛孔明的《出师表》和杜甫的诗②。这一点大概也与井上龟六有密切关系。关于"正统与异端"的问题，丸山在与石田雄、藤田省三共同主办的研究会（1967年5月）上的发言颇为耐人寻味。

> 从我们这些人孩童时代的回忆体验来看，相比基于阿部次郎的"人格主义"等之上形成的所谓"大正民主主义"，佛教典籍是曾经就学于杉浦重刚私塾的我的舅舅井上龟六那一代人的教养。他是真正地阅读佛典，并真心将其作为身体的一部分。在日常谈话中，他会自然而然地冒

---

① 『丸山眞男集』第16卷、158頁。
② 『丸山眞男集』第11卷、159-160頁。

出一句佛典，从这个意义上说"教养主义"是存在的。虽然称作"教养主义"①，但它不是自由主义那样时髦、伪善的东西，是一种所谓"人格高洁"的真正的"修养主义"。大正自由主义在这点上是很可疑的。②

他不认同大正时代被称为自由派的"人格主义""教养主义"代表的阿部次郎、和辻哲郎、安倍能成等知识分子就源于这一点。当然，我们也要看到，上面这段话是他已经掌握了对前辈知识人的批判视点后而做的发言。尽管如此，有一点是清楚的，如果说从大正时代到昭和时代的城市中产阶级的理想是过西洋式"时尚"的生活，致力于吸收欧美文化中的教养主义的话，丸山则处在既过着"时尚"的生活，又身陷以前的传统文化、甚至卑俗生活中的微妙环境里。

丸山父亲是一位新闻记者，这样的家庭环境本身使丸山相比高级文化的教养主义生活方式，更能切实感受到带有乡土气息的活生生的社会生活。丸山真男从孩童时代起就知道曾主办杂志《我等》和《批判》（1930—1934 年）的长谷川如是闲在政治立场上属于左派，井上龟六属于右派，而父亲干治则被视为中间派，并亲耳聆听过父亲与这些人的对话，因此丸山对政治和社会的认识自然是早熟的。甚至在"男女关系"的问题

---

① 从 1910 年代以后在日本出现的"教养"一词为德语"Bildung"的译语。大正时代，阿部次郎、和辻哲郎等知识人将通过接受西方先进的哲学、文学、艺术来提高人格的方式称为"教养"，倡导其意义。这种思考方式与伦理学上的人格主义立场结合起来，在青年知识人中普及，被称为"教养主义"。

② 藤田省三「異端論断章」、『藤田省三著作集』第 10 卷、みすず書房、1997 年、93-94 頁。

上，丸山从小学就开始通过电影直觉地认识到那是很"不可思议和复杂的"事情①。丸山在说这话时，是怀有些许骄傲的。

"不良的"中学生

丸山真男考入东京府立第一中学（简称"一中"，现在的都立日比谷高中）是在 1926 年（大正十五年）4 月。当时，一般优秀的中学生在四年学习结束后都能考入旧制高中，而丸山在四年级时未能通过第一高级中学（一高）的入学考试，直到第五年时才通过考试进入一高。这大概让在女校时就一直是优等生的"教养妈妈"——丸山母亲大为沮丧。在听说丸山一高入学考试落榜的消息后，舅舅井上龟六安慰丸山说："真男，这样真好，你不是秀才"，"因为秀才毒害日本"②。这件轶事很好地展现了当时丸山一家的家庭氛围。

丸山的中学时代是从 1926 年到 1931 年（昭和六年）的五年时间。关于这一时期的情况，丸山的哥哥丸山铁雄（1910—1988 年）结合 1929 年（昭和四年）的流行歌曲和《东京进行曲》讲了如下一段话。丸山铁雄在京都帝国大学经济学部毕业后，成为日本放送协会歌曲和娱乐节目的主任制片人，从战前至战后一直活跃在一线。

  关东大地震后的东京一派令人瞩目的复兴景象，在昭和初期就已完全具有了一个近代都市的新形象。

---

① 『丸山眞男集』第 11 卷、31 頁。
② 『丸山眞男集』第 16 卷、165、171 頁。

透过丸之内大厦玻璃窗可以看到像笼中金丝雀一样的公司女职员的身影,银座酒吧、咖啡厅、舞厅越来越多,甚至出现了"逛银座"一词。时尚女孩和时尚男孩手挽着手大摇大摆地走在大街上。而欧洲大战后经济组织的矛盾渐渐表面化,失业者遍布街头,劳资对立激化,劳农党议员山本宣治遭到暗杀,4月16日共产党遭到大检举,世间的混乱与日俱增。

描述东京流行风俗的《东京进行曲》就是在这一社会背景下写出来的,大受欢迎。①

中学时的丸山就像那个时代的少年一样,但又有些不良少年的样子。通过采访丸山本人而制作的《丸山真男集》别卷年谱及随笔《电影与我》(1979年)中的记述可以证明这一点②。丸山最初看电影是在上小学时,在关东大地震前丸山跟着父亲在电影院看了场电影。那时候的电影当然是带有解说的无声电影,就是所谓的"活动写真"(motion picture的直译)。后来,丸山又与年长他4岁的哥哥丸山铁雄一起趁严厉的母亲不注意,偷偷地去看西洋连续剧和动作电影。

上中学后,丸山经常在放学回家途中或翘下午课一个人到四谷和新宿的电影院看电影。这大概也是从哥哥那学来的。按当时一中的校规,看电影必须有父兄相伴才行,中学生一个人去看电影,会被视为不良少年的行为。对那时的自己,丸山这样回忆道:"我自身还没有变成'不良少年'的胆量,最多也

---

① 丸山鐵雄『歌は世につれ』、みすず書房、1983年、20-21頁。
② 丸山眞男「映画とわたくし」、『丸山眞男集』第11卷、6-12頁。

就是稍微有些不良行为的好学生——从某种意义上说，比起那些正统的优等生，我不是个令人喜欢的学生。"①

此外，丸山还是新国剧的粉丝，他喜欢《新青年》杂志，痴迷侦探小说，彻夜阅读范达因（S. S. Van Dine）的原著，第二天翘课不去上学是家常便饭。这大概不属于品行良好的中学生应有的生活状态。"相比优等生"，丸山认为自己这种"稍有不良"的行为"令人生厌"，这种态度值得关注。一般来说，从中学时代开始人是不会明确地自我贬低的，而丸山那时若未朦朦胧胧地有这种感觉的话，是无论如何不会说出上述那些话的。

丸山既不是"好学生"，也不是"不良学生"。他一方面享受着这种不上不下的状态，同时又厌恶自己，感觉自己令人生厌，在他身上存在着自我认识的双重视角。从他对自我意识过剩的厌恶，可以看出他身上具有超过都市人之含羞心理的自我苛严的伦理感。直到晚年，丸山既对自己是知识人和大学教员感觉自负，又忌讳大学教授的权威地位和作为言论人的名声，一直想避免给人那种印象。丸山这种两难选择的矛盾态度在中学时代就已经生根发芽。

左右对立的时代

从大的社会风潮角度看，丸山的中学时代借用他本人的

---

① 『丸山眞男集』第 11 卷、9 頁。

话，是"自由主义和马克思主义全盛的时代"①。前文引用过的丸山铁雄的《东京进行曲》（"西条八十词"）中写道："看电影，喝杯茶，还是坐上小田急线列车逃走？"充分表现了那个时期的风俗。歌词初稿上这部分写的是"留着长发的马克思男孩今日也拥有'红色恋情'"。所谓"红色恋情"是苏联女外交官亚历山德拉·米哈伊洛夫娜·柯伦泰的小说题目的日文翻译。

就像《东京进行曲》歌词中说的那样，那时期大学生和高中生中间马克思主义思想大为盛行，在大学校园里宣传左翼政治主张的传单满天飞，欲强行举行集会的学生与大学当局针锋相对，左派学生与国粹派学生之间的冲突也时有发生。在东京帝国大学，原本是教员与学生之间协调团体的学友会也被学生团体和新人会中的左派所把持，1928年（昭和三年）学校当局解散学友会，取而代之采取怀柔手段，每年召开校园"五月节"②。在那以前，右派有井上龟六，左派有长谷川如是闲，无论是左派支持者还是右派支持者都经常光顾丸山家。1928年，议会要批准在巴黎缔结的《关于废弃战争作为国家政策工具的普遍公约》（非战公约）。右翼和议会内的反对党民政党以该公约第一条"在人民的名义下"缔结公约有违日本"国体"为由③，猛烈抨击当时的田中义一内阁，站在批判前列的就是井上龟六主办的《日本及日本人》。丸山干治是民政党的支持

---

① 『丸山眞男集』第11卷、138頁。
② 石井勗『東大とともに五十年』、原書房、1978年、25-27頁。
③ 关于国体论，更详细的解释请参见本书第二章。

者，他握着这本杂志，放声大笑，"国体？哈哈哈！"并说民政党的牵制削弱了田中内阁，真有意思，我也加入攻击政府的行列①。

在这种环境中成长起来的少年丸山一面痴迷侦探小说和电影，一面开始接触左翼思想作品，对不同政见百家争鸣的局面他也早有见识。从中学升入高中后，尽管左翼学生运动就在眼前发生，他却没有参加。据他晚年回忆，这并不是因为他没有充分学习马克思主义思想，而是从一开始他就采取了"那样的事我早就不做了"的态度②。

另一位恩师与父亲

成为一名著名学者后，丸山将长谷川如是闲称为与大学恩师南原繁并列、对其进入学问世界之前产生了巨大影响的人。丸山从孩童时代开始就亲炙长谷川如是闲的教诲，聆听过他对东京帝国大学教授的批判：帝国大学教授都是白痴，所以丸山"即使当上东京帝国大学副教授后，也没有抱有任何期望"③。丸山深受长谷川如是闲的影响，高度评价英国思想，批判南原繁对英国功利主义思想的批判。

丸山本人也承认，虽然很难明确判断长谷川如是闲对丸山的作品到底产生了多大影响，但是有一点是明确的，长谷川如

---

① 『丸山眞男集』第 16 卷、169 頁。引文中的"国体"被改为了正体字。
② 『丸山眞男座談』第 1 卷、216 頁。
③ 『丸山眞男集』第 16 卷、192 頁。

是闲、丸山干治和井上龟六身上脱离学历、官僚制支配的社会评价标准的精神风气，在潜移默化中深深地影响到了少年丸山。长谷川如是闲身上具有的人格能够代表少年时代丸山家具有各种政治立场的人既彼此承认差异又豁达相处的家庭氛围，故而令丸山终生敬服。也可以说，丸山大概是把长谷川如是闲视为与自己家中的"暴君"、使母亲陷于万般苦劳中的父亲干治完全不同的理想的父亲形象来看待的①。

邻人三岛由纪夫

1925年（大正十四年）1月，在丸山家居住的爱住町的邻街，也就是他家下一个路口附近的四谷区永住町二番地（现在的四谷四丁目北端一带）的一座农商务省官吏宅邸中，本书开篇提到的三岛由纪夫就出生在那里②。三岛比丸山小11岁。在三岛自传体小说《假面告白》（1949年）中，这处山手地区微妙之所在被描述成"地域风气不太好的町街一角"。在该书中一个令人印象深刻的场景是：在夏祭的御舆粗暴地穿过我家房门时，小学生的"我"为肩扛御舆的人群身上散发出的各种各样的陶醉感而深深感动。

这个活动是四谷区内须贺神社的定例大祭——6月"天王"（牛头天王）祭。即使三岛以上的描述是基于真实情况写

---

① 『丸山眞男座談』第9卷、291頁。
② 堀越正光『「東京」探見―現役高校教師が案内する東京文学散歩―」、宝島社、2005年、105頁。

成的，1931 年（昭和六年）丸山真男已搬入一高学生宿舍，同年他们家搬至市区外的高井户町（现在的杉并区松庵），小说中描写的活动场景丸山很可能没有亲眼看到。但是，三岛描述的抬御舆的场景，丸山基于每年观看祭祀活动的体验是能感受到的。

三岛在战后一直倡导与丸山代表的"战后民主主义"完全不同的思想，但丸山也只是将三岛浅薄的武士道论称为"悲喜剧"而已①。三岛在他晚年 1970 年（昭和四十五年）7 月发表的一篇文章中对日本战后社会的空虚描述如下：

> 我对未来的日本不抱有多大希望。我越来越感觉到，若这样下去，日本将不复存在。日本不存在，取而代之的是无机的、空壳之下的中立、富裕、处世精明的经济大国残存于远东一角。有人认为那样未尝不可，我不习惯与这些人为伍。②

当然，丸山对于战后日本社会并未说过如此绝望的话，但他对"妒恨根性""玩世不恭意识"支配下的大众所具有的互相拆台、落井下石的共性，堕落于"丧失了个性的矮化的自由"中的政治现状的批判（1960 年的座谈会《与丸山真男的一个小时》），与三岛对"空壳"社会的批判似乎存在共通之处③。丸山不断呼吁：战后社会正在走向成熟，民主被作为

---

① 『丸山眞男集』第 11 卷、332 頁。
② 三島由紀夫「果し得てゐない約束—私の中の二十五年—」、『決定版三島由紀夫全集』第 36 卷、新潮社、2003 年、214–215 頁。
③ 『丸山眞男座談』第 4 卷、37 頁。

"日本国体"似乎已成为理所当然的前提,这种社会状态本身应值得深刻反思①。两人虽然立场不同,但在批判战后社会的中立化、空壳化时,头脑中大概浮现出的都是曾经生活过的山手地区、场末地区,四谷周边复杂的社会景象。

---

① 『丸山眞男座談』第4卷、100頁。

第二章 "政治化"的时代

在助教室（1940年左右）

第一节　落后于时代的青年

"满洲事变"与世态的变化 *

像当时的人们那样去感受那个时代的社会氛围，共有相同的体验是很难的。即使是对当时的人们冲击很大的事件，从其后的时代纵观事件前后的长时段变化来看，很多时候并不认为该事件有那么重要。相反，在当时有些没有成为街头巷尾热议的事件，在不久后却被评为改变时代的具有划时代意义的事件。

生活在那个时代的人对自己所处时代的认识与后世评价间的差异，丸山以他17岁时进入一高的记忆为例，做了如下说明。

> 我考入旧制一高同一年的1931年（昭和六年）9月，爆发了"满洲事变"，成为15年侵华战争之始。仅依靠文献来研究现代史的研究者经常提一个问题："'满洲事变'（以及柳条湖事件）是如此重要的划时代的标志吗？其与此后的卢沟桥事件（又称'七七事变'）相比并没有引起那么划时代的变化吧……"但是，历史都是一步一步演变的，日本的军国主义化也是如此。然而，根据我实际的所

---

* 中国称"九·一八事变"。——译者注

见所闻,"满洲事变"确实是一个大转机。①

在满洲,关东军开始使用武力进攻,民政党内阁(若槻礼次郎首相)最终追认了关东军的做法,各报纸以保卫日本的权益而进行自卫攻击一致表示支持。丸山从那年春天开始,在本乡向丘的一高校园里也逐渐感觉到了世间空气的变化。

在当时,因为1925年(大正十四年)制定的治安维持法,严厉禁止学生学习马克思主义,参加社会主义、共产主义政治运动。然而,在一高校园内,左翼运动以各种秘密沙龙的形式隐蔽地持续着。在丸山入学前后,从1931年3月到4月,19名学生受到"放校"②或停学处分③。丸山就曾在宿舍楼厕所里看到过一直从事地下活动的共产党刚确定的方针(正式决定要等到共产国际1932年纲领)——"打倒天皇制""反对帝国主义战争"的涂鸦④。

这一年,"满洲事变"刚刚爆发不久,一高学生组织的"日本精神"研究会——瑞穗会(1926年成立)在宿舍楼内召开了题为"民族主义与国际主义"演讲会。该年考入东京帝国大学法学部、与丸山同为南原繁门下,后成为政治学者的中村哲在战后回忆自己目睹1931年这个历史转折点的经历时指出,

---

① 「昭和天皇をめぐるきれぎれの回想(1989年)」,『丸山眞男集』第15卷、20頁。

② 所谓"放校"就是,对严重违规的学生开除学籍,并取消其再次参加帝国大学入学考试的资格。

③ 一高自治寮百年委員会編『第一高等学校自治寮六十年史』、一高同窓会、1994年、178頁。

④ 『丸山眞男集』第15卷、22頁。

在此之前一直是国粹主义团体的日本国民党（后称"大日本生产党"）、爱国勤劳党等摇身一变成为以宣扬社会经济组织改革为纲领的"法西斯主义团体"，从社会民主主义势力（无产政党）中也可见赤松克麿、山名义鹤向民族主义之上的"国家社会主义"与行动方针的转变①。这种动向也唤起了普罗大众面临严重恐慌而要求改革的愿望。政党势力和战争批判的言论虽然当时尚未式微，但是对外战争确实改变了世间的"空气"。

第二年，在新桥演舞场的新国剧②公演更换成了展现上海事变中战死的"爆弹三勇士"的节目，台下观众们举着日之丸小旗，站起来连声高呼"万岁"③。丸山在观众席上目睹了这一切。"一年一年反动化渐趋严重，昭和八年比昭和六年更严重，昭和十年又比昭和八年更严重。昭和十二年近卫新体制建立起来时更加严重。昭和十六年爆发太平洋战争。……其发展的速度和激变的程度难以言表。"——这是丸山在近 50 年后对"满洲事变"以来社会变化的回忆。"一步一步'世间'——不仅仅是日本，全世界都是——情形发生着变化。人们的看法也与之适应了。这是很可怕的事情。"④ 以上是丸山回顾日本逐

---

① 中村哲『日本現代史大系・政治史』、東洋経済新報社、1963 年、216-217 頁。

② "新国剧"是创立于 1917 年的剧团，其将传统的歌舞伎与西洋近代写实主义戏剧的表现方式融合起来，形成了面向大众的新型戏剧。

③ 三名轰炸机"英雄"（"爆弹三勇士"）是在上海被"炸死"的三名日本陆军工兵。1932 年日本军队经过五个月准备，以保护日本居民为借口占领上海，遭到中国军队的顽强抵抗。

④ 『丸山眞男集』第 11 卷、153-154 頁。引文中的"近卫新体制"为丸山的误记，正确的应该是第一次近卫文麿内阁的成立。

渐走上中日战争、"大东亚战争"① 的经过所做的发言,丸山无疑清楚地感受到了社会氛围转变为赞美战争的恐怖经历。

旧制高中的住宿生活

从丸山真男的个人经历来看,周围世界已经变了这种印象,在他第一次离开家门住在一高自治寮开始大概变得更加强烈了。12个人住在一间大屋子里,大家来自日本各地,其中也有因昭和恐慌而陷入贫困的农家子弟,互相亲密无间。不仅如此,一高重视以哲学、文学为中心的教养(Bildung),甚至相比粗野之风,更轻视只会考试的秀才。像丸山这样城市精英中学毕业的人,必然的命运是"像一高的敌人一样,为大家所不喜欢"。这一时期旧制高中的学生数量还不足达到入学年龄男子人数的百分之一,他们都是优中选优的优秀青年。当时丸山的真实感觉是,"实际上我被放入到了一群异质人群中,进入到了一个不寻常之地"。

后来,丸山在与曾经教过的学生们一起开座谈会时指出,对个人的成长来说,"与异质对象的接触"是很重要的。他回忆自己的高中宿舍生活使他第一次感受到了与异质对象的接触②。

---

① 日本政府在1941年12月发布对英美诸国和中华民国政府(重庆政府)宣战的布告中将这次战争称为"大东亚战争"。在此之前,将始于1937年卢沟桥事件的军事冲突(抗日战争)称为"支那事变"。战后日本将"支那事变"和"大东亚战争"分别改称为"中日战争"和"太平洋战争"。从20世纪60年代开始到80年代也有日本历史学者将1931年的"满洲事变"到1945年中日两国的战争状态一以贯之地看待,称之为"十五年战争"。

② 『丸山眞男座談』第7卷、60-63頁。

这种与异质对象的接触，在丸山人生观乃至政治观中都占有很重要的位置。"异质的东西"到底对自己会带来怎样的冲击，丸山归根结底是在旧制高中时的生活中体验到的。这是丸山思想的出发点。

突然遭到逮捕

与战争进程并行，政府也加强了对左翼运动的弹压。在这种状况下，丸山遭受到了来自国家权力这一极为粗暴的"异质对象"的攻击。1933年（昭和八年）4月，刚刚成为高中三年级学生的丸山，因涉嫌违反治安维持法被警察检举，进入拘留所。

这件事的起因是，户坂润、冈邦雄等站在马克思主义立场上的学者们，推举长谷川如是闲为会长，组建了学术团体唯物论研究会。二年级时丸山参与筹备的曲棍球协会——还没有被正式承认为校友会的一个"部"——在学生宿舍举办春假集训，活动间歇丸山走在本乡大街上，看到唯物论研究会创立后第二次公开讲演会的宣传海报，因为讲演者名单中有长谷川如是闲的名字，所以他就信步来到会场本乡佛教青年会馆。

但是，还未等长谷川如是闲将开幕词讲完，坐在主席台左边的本富士警察署署长就大声喊道："讲演中止"，讨论会散会。而后，负责监视的警官们，从听众中把看起来像是共产党活动家的人带走，押往警察署拘留所。因为丸山身着高中校服，被怀疑是青年中的大人物，在本富士警察署受到特别高等警察（简称"特高"）的讯问①。

在此之前，丸山虽然关心社会恐慌以及战争下的社会状况，但是曲棍球活动和作为文学青年、哲学青年的读书活动还是他学生生活的中心。当然，他也从来没有参加左翼的实践活动。上高中以后，他接触过德波林（A. M. Deborin）、布哈林（Nikolai Ivanovich Bukharin）等人撰写的马克思主义文献，但是最喜欢的是德国新康德学派哲学家的著作②。他利用业余时间学习德语，已经能熟读文德尔班（Wilhelm Windelband）的《序曲》（1883 年）、李凯尔特（Rickert Heinrich）的《认识的对象》（1892 年）的德文原著，将事实世界和价值世界区别开来，人应该践行的道德价值独立于事实认识而存在，这种新康德派的观点后来完全为丸山所吸收，并加以丰富。

作为流行中思想界的风潮，这一时期唯物论研究会已经创立，马克思主义迎来了全盛时期。而马克斯·舍勒的人学思想、埃德蒙德·胡塞尔的现象学，以及马丁·海德格尔的《存在与时间》（1927 年），也都陆续被介绍到日本。新康德学派学者的著作甚至是丸山就读的高中和大学的老师辈们的必读书目。与丸山在同一年入学，后来成为建筑学者的生田勉从入学开始就喜欢读三木清、九鬼周造的书，后来又挑战现象学的著作。与他相比，丸山的读书倾向可以说是偏古风的③。

---

① 特别高等警察经常被简称为"特高"，是在 1911 年成立的一支部队，负责调查和控制政治团体的活动，防止对公共秩序有威胁的意识形态的传播。1945 年"特高"被盟军占领当局废除。
② 『丸山眞男集』第 10 卷、318 頁、第 11 卷、145 頁。
③ 生田勉日記刊行会編『杳かなる日の：生田勉青春日記 1931—1940』、麦書房、1983 年、20–23 頁。

顺便提一下，与丸山同年进入一高读书的还有后来成为作家、文学家的猪野谦二、立原道造、寺田透。大学毕业后成为丸山朋友的杉浦明平比丸山高一届。与杉浦同期入学的森敦师从横光利一，之后不久因1934年（昭和九年）在报纸上连载小说《酩酊船》而声名鹊起。丸山还在高中一年级期末的时候，东京帝国大学一年级的保田与重郎与旧制大阪高中的同窗好友一起创刊了杂志《我思》（Cogito）。相对这些早熟的面孔，高中时的丸山喜欢读的是文艺书，喜欢罗曼·罗兰的《贝多芬传》（1903年）①，这一点是落后于时代的。

当时，丸山是一个不参与政治，对文化最新动向毫不敏感的高中生。丸山即使没有意愿参加现实政治运动，但在特高课刑警看来，其已经有了活动家的嫌疑，偶然看到宣传单而参加活动这种辩解之词只能让他们加深怀疑。当丸山提到长谷川如是闲是父亲的朋友后，刑警立刻对他大打出手，叫喊着："混蛋，如是闲这种人，在战争开始后，是最应该杀的人"。丸山马上联想到大地震时大杉荣的被害，他想："如是闲要被杀害了"，而后，眼前一黑②。

在拘留所的经历

在警察署拘留所被拘留的经历，又使丸山进一步感受到了苛酷的"异质之物"。最后，虽然他很快被释放了，但当时他

---

① 『丸山眞男集』第9卷、347頁。
② 『丸山眞男集』第16卷、178頁。

并不知道要被关押到什么时候。如果嫌疑罪名确定，会马上受到学校的开除处分。"连躺下容身的空间都没有，在拥挤不堪的拘留所里，有扒手、小偷、三度被抓进教养院而逃走的少年、开出拒付票据的小公司老板、因一言不发而被警察称为'大方宗太郎'的朝鲜人"，丸山身边净是些这样的人，他甚至曾亲眼看到警察在讯问中对朝鲜人使用了严酷的暴力。他在与因其他事受到检举而被关入同一个牢房的一中、一高都高出丸山一届的学长聊天时说，"这件事使我的一生变得一塌糊涂"，不知不觉流下了眼泪①。

户谷敏之也是一高的学生，被学校取消毕业内定资格后"放校"，第二年他进入法政大学预科学习，而后直接升入大学，在英国和日本经济史研究方面很活跃，后来应征入伍，参加"大东亚战争"并战死。在丸山被逮捕半年前，他的同学年好友因为被检举有为共产党活动家提供协助的嫌疑，备受打击引发精神分裂症，不久死去。这位学生莫说不是协助共产党的人，他甚至是批判马克思主义的自由主义者、被左翼学生讨厌至极的经济思想史学者河合荣治郎著作的忠实读者。在警察和学校当局的协力下，这些学生在上课中被教导主任叫出来，带到本富士警察署②。许多这样的例子，直接或间接地为丸山所知。仅仅以文科乙类一个班级的40名学生为例，在学中被逮捕的包含丸山在内多达8人③。

---

① 『丸山眞男集』第11卷、378頁。『丸山眞男座談』第5卷、256頁、第7卷、59頁。
② 『丸山眞男集』第11卷、148頁、第15卷、157頁。
③ 『丸山眞男集』第11卷、120頁。

在多愁善感的高中时代，丸山的这一经历使他痛切地亲身感受到了时代的激变。对于这个年纪的年轻人而言，学习和生活的地方成为国家进行思想统治的最前端，以逮捕和调查的形式，它的淫威轰然被施加到了自己身上。

自我的觉醒

国家权力不仅从外对人进行压制，还使人们意识到自己内心里的敌人。丸山曾回想，他在户谷敏之面前流下眼泪说，"我是吊儿郎当的人。一到关键时刻，平常引以为傲的读书能力一点也没有给我提供动力"，好有挫败感①。

从孩童时代就亲密地接触过长谷川如是闲，亲眼看到父亲对"国体"② 这样的词汇嗤之以鼻，对左翼文献也有所涉猎的丸山，已经知晓这个社会充满着矛盾和压制，这一点是毋庸置疑的。也许认为左翼言论对自己归根结底是没有什么用处的，所以他把精力一心放在哲学和文学上。

虽然是没有那种想法、无意中来到讲演会场并稀里糊涂地遭到逮捕，但这件事也使他突然体会到了国家权力的暴力。在拘留所流泪，深深地自我反省，在此之前的自己实际上是多么浅薄，心中欠缺明确的核心信念。这种想法与他被牢房里户谷

---

① 『丸山眞男座談』第 7 卷、59 頁。
② "国体"原本指国家制度和国家体制的样态。19 世纪以后日本所使用的"国体"一词具有特别的含义。其被广泛用于以《大日本帝国宪法》为基础的国民教育中，意指作为神的子孙的一代代天皇的永恒统治这一日本国的独特状态。特别是在 20 世纪 30 年代，通过"日本精神"论的隆兴以及政府对思想统治的强化，"国体"一词发挥了巨大威力。

这位虽受严刑拷打却态度坚毅的"真正的"思想犯看到自己流下眼泪的羞耻感结合在一起。后来丸山回忆，在没有被逮捕之前，自己在思想上是"老油条"，之后便陷入了痛苦的自我反省之中。

存在屈服于权力的弹压、充满不安与恐惧的自己。那如何在内心中确立无论怎样的外在苦难都能保持傲然挺立、泰然自若的主体性呢？19岁的青年丸山已经开始意识到这个问题，这大概就是自我觉醒吧。丸山后来指出，他那一代的青年人很早就开始接受马克思主义的影响，先从对社会问题的关心出发，而后进入到1933年（昭和八年）大量左派转向的时代后，人们开始思考"我究竟是谁"这一自我定位问题[①]。这句话说到底是丸山在讲述自己经过逮捕事件后开始意识到"自我的问题"，换言之，其讲的是丸山自己开始意识到把"内在主体性的确立"作为自身课题的过程。

对内心的统治

这时对个人施加无故压制的权力的性质，本身不仅要约束人的身体，还要深入人的内心进行统治。特高课刑警在调查时发现了丸山放在兜里的记事本上写的内容，断定他"是否认君主制的"，故而对他进行了刨根究底式的讯问。

在我记事本的这数行字中，引用了费奥多尔·米哈伊

[①] 『丸山眞男座談』第5卷、183頁。

洛维奇·陀思妥耶夫斯基《作家日记》中"我的信仰是在怀疑（附注——指对神之存在的怀疑）的熔炉中锻造出来的"，写道："日本的国体归根结底是在怀疑的熔炉中被锻造出来的吧"。我马上说："那句话丝毫没有否认天皇统治……"但没等我说完，特高课刑警没好气地骂道："这个混蛋还想辩解"，然后给了我一个耳光。①

当然，沉迷于哲学书、热衷西洋古典音乐和电影的学生对"国体"进行根本性的批判，是不可想象的。父亲干治与牧野伸显、斋藤实等在天皇身边服侍天皇的"重臣自由主义者"原本就交往深厚，昭和初期（1925—1928年），他在内大臣牧野伸显的推荐下，赶赴斋藤实任总督的朝鲜，后来当上了《京城日报》的主编②。因此，丸山听到很多有关皇宫内院的事情，他对昭和天皇本人也带有近乎质朴的亲近感。据说他还记得当看到宿舍里"打倒天皇制"的涂鸦时，很是不快。诸如"日本的国体"那样的记述只不过是年轻人匆忙写下的面对政府对抗左翼运动而推进的"鼓吹国体观念"的反抗思想而已。

治安维持法的时代

这一时期是通过治安维持法惩罚那些企图发动甚至是协助变革以天照大神为祖先的天皇世代永远统治日本这一国体的人。在丸山被逮捕的前一年，1932年，"是国家主义者在'非

---

① 『丸山眞男集』第15卷、21-22頁。附注为丸山所加。
② 『丸山眞男集』第16卷、165頁。『丸山眞男座談』第7卷、208頁。

常时期'的呼吁不断支配国民",是针对无产阶级艺术家、文学家和美术家"知识人进行弹压"的开始。据丸山在一高时的同学、被逮捕后受到学校"放校"处分的明石博隆编著的一本书中的记载,这一年被逮捕的人超过 400 名①。作家小林多喜二被捕后,在筑地警察署内被杀害,就是在丸山被捕一个月前发生的事情。

特高课的调查不仅涉及外在的行动,还包括人的思想,这不是"近代国家的基本原则"能够通用的世界。受警戒的对象既然已经在思想和信仰上有了嫌疑,就算事实上没有加入共产党,也让人怀疑不已。即使被抓后马上被释放了,但丸山直到助教时代,每年还必须两次接受特高课刑警或宪兵的问讯,也有排队等候陆军检查点名时,自己单独被宪兵叫去问话的情况②。

监视的恐怖

这种体验使年少的丸山痛切地认识到"日本国家权力无限度地侵入精神内部的性格"。当初的认识是模模糊糊的,"天皇制的精神结构"的考察大概可以说是从这时候开始的③。丸山在纪念战后 20 周年的"八·一五纪念国民集会"上的讲演《二十世纪最大的悖论》(1965 年 8 月)中第一次公开了逮捕

---

① 明石博隆·松浦総三编『昭和特高弾圧史』第 1 卷、太平出版社、1975 年、28-29 頁。
② 『丸山眞男集』第 10 卷、178 頁、第 11 卷、149-150 頁。
③ 『丸山眞男座談』第 4 卷、104 頁。

事件的详细情况。在该讲演的末尾，针对大熊信行、福田恒存等知识人断定占领下产生的民主主义为"虚妄"，把日本国宪法戏称为"漫画"，以及对拥护日本国宪法的丸山的批判做了如下回击：

> 我看到大众媒体上有人在今日舒舒服服的环境中，以一副无所不知的口气宣称战后民主主义是空洞无物的意识形态，或和平宪法乃愚蠢之极，实话实说，这些人真是自以为是，他们对战后民主主义和日本国宪法提出疑问、表示怀疑本身完全没有问题，但我们必须认识到：假如大家在战前公然说大日本帝国宪法是虚妄，会有什么后果呢？会马上被抓起来，不仅如此，恐怕这一生不管走到哪里，做什么，国家权力都会从暗处一动不动地监视着大家的一举一动。①

从暗处一动不动地持续监视，丸山自身十余年一直真真切切地感受着这种恐怖。那个时代，甚至是在咖啡店里漫无目的的聊天中，涉及一次对政府的批判，就会被布下天罗地网的特高课刑警听得一清二楚，成为实施逮捕行动的借口②。每当涉及"国体""天皇陛下"这样的词汇，谁都会放低音量，或表现出一副紧张的样子。这就是那个时代的社会空气。其不仅仅只是停留于"虚妄"的口号在世间流布，也直接使国粹主义者的直接行动与国家暴力结合在一起，这是活生生的现实状况，

---

① 『丸山眞男集』第9卷、291-292頁。着重号为丸山所加。
② 『丸山眞男座談』第7卷、19頁。

不可否认。

时代的两面性

对此，和丸山一样就学于一高和东京帝国大学，比丸山早3年入学的文学家中村光夫，在战后一次与丸山同时出席的座谈会上批判丸山的观点："昭和的国粹主义很是滑稽，谁都没有把它真正当作问题。"① 这大概也是那个时代真实的一面。那时还没有像侵华战争和"大东亚战争"时期，为了战争动员而广泛统一地限制国民的生活，对共产主义者的弹压，因为受新闻报道限制，很多国民并不知晓详情。在1933年，因为战争，城市经济蓬勃发展，社会氛围也变得乐观明朗。大众杂志和繁华街道上遍布着色情、怪诞、颓废的风潮，人们反感的不是军部、国粹主义者，而是不断的疑狱事件中表现出的政党政治的腐败②。

然而，丸山透过表面上的光明、悠闲看到了社会的内里。被恐怖的拷问，从哀号回荡的拘留所中被释放，街上的风景没有丝毫变化，还是平常那样悠闲。"香蕉店依然如故，把香蕉悬挂在人前叫卖，在五子旗摊前围满了一堆人，大家都默不作声，盯着棋盘上给出的'问题'。然而在一墙之隔的本富士警察署的牢房里，正在进行着可怕的拷问。"③ 在和平世界看不

---

① 『丸山眞男座談』第3卷、166頁。
② 山本七平『山本七平ライブラリー16・静かなる細き声』、文芸春秋、1997年、431—443頁。
③ 丸山眞男『自己内対話』、みすず書房、1998年、40頁。

见的地方，巧妙地排除反体制分子的权力正在发挥着作用，对于知道这种情况的人，明媚的空气却让他们感受到一种令人毛骨悚然的窒息感。

大概在丸山被逮捕之后的那年夏天，在大阪街头警察和陆军官兵间发生了小冲突，后来据听闻这个所谓"go stop 事件"的丸山回忆，该事件在"一般市民"中间产生了与知识人不同的对军队的强烈共鸣①。这件事也让丸山痛切感到军国主义已经渗透到人们感情深处，深深扎下了根。

"空气"的支配

在丸山的眼中，中村光夫仅仅批判"国粹主义"的主张是不合理的，将"国粹主义"的问题与自己切割开来，变成与自己没有丝毫关系的中村的态度，只是对社会无忧无虑外表的单方面的反映。对源于神话的"国体"观念等深信不疑的人应该为数不少，以初等教育设施为首，国家权力向普罗大众释放出强大的威力，不仅如此，社会"空气"本身也将公开的批判强固地封闭起来。和平而稳定的市民生活已经成为令人恐怖的现实。

岩波书店在刊行丸山的论文集《日本的思想》（1961年）之际，"國體"这个词特意使用了正体字（旧体汉字）。丸山大概认为战后日本通常使用的"国体"这个词不能够完全表现昭和初期那种令人敬畏与恐怖的感觉。有见识的知识分子谁都没

---

① 『丸山眞男座談』第1卷、255页。

有真正把"國體"神话当回事，它却被作为国家公定教义得到宣传和传播。只要对它表示出一点疑问，就会被视为危险人物。这种奇怪的现象不是"滑稽可笑"一词能够形容的。

泷川事件

丸山被捕的 1933 年，因触犯治安维持法被捕的人数达到了顶点。这一年 4 月，文部省以京都帝国大学法学部教授、刑法学者泷川幸辰是将学生引导向马克思主义的"赤化教授"为由，表达了给予他停职处分的意向。这就是所谓的"泷川事件"。该事件是国家思想弹压的剑锋不仅指向共产党的支持者，也开始指向自由主义学者的开端，它引发了京都帝国大学，甚至扩展至全国大学生的一场反对运动。这一时期，就学于京都帝国大学经济学部的丸山的兄长丸山铁雄也非常活跃，他是这场运动的核心成员，将军歌《战友》重新填词而做的《大学之歌》刊发于《大阪朝日新闻》上，在社会上广为流传①。

然而，在泷川幸辰受到停职处分后，一过暑假反对运动就已偃旗息鼓，最后学生政治运动在东京也销声匿迹了。同年 6 月，共产党高层干部佐野学、锅山贞亲在狱中发表转向声明，以此为契机，多数共产党员陆续转向，党组织几乎受到毁灭性打击。这给学生们的怒火浇了一盆冷水，使他们感到已无回天之力。

---

① 橋川文三『日本の百年 4・アジア解放の夢』、筑摩書房、1967 年、213-215 頁。

在泷川事件发生时，丸山干治正在为长子丸山铁雄夏天回京探亲后、直到秋天还在一直慷慨激昂地参加反对运动而大为头疼，为此他把丸山铁雄带到长谷川如是闲身边，希望长谷川劝说儿子改邪归正。长谷川却为铁雄辩护道："学生站起来反抗是理所当然啊"，并鼓励铁雄说："大张旗鼓地去做"①。

实际上，据说长谷川这样做是想劝说当时担任《读卖新闻》评论委员的丸山干治。事后他把铁雄一个人叫出来，告诫他参加运动要适可而止。但是，这个时候长谷川和丸山一家都不知道次子真男已经被捕的消息。特高课刑警忽然造访，使母亲 SEI 大惊失色是一年以后的事②。如果长谷川知道是因为参加自己的讲演会而使丸山被捕的话，即使他对真男父亲想要说些什么，还会采取那种态度吗？长谷川"拼命地煽动铁雄"，大概会让丸山以一种复杂的心态看待自己愤怒咆哮着的父亲吧。

第二节　回到"近代"

"政治化"的时代

在被逮捕的第二年，1934 年（昭和九年）4 月，丸山终于

---

① 『丸山眞男集』第 16 卷、180 頁。
② 丸山眞男『自己内対話』、みすず書房、1998 年、182 頁。

考入东京帝国大学法学部政治学科。刚开始丸山打算去文学部攻读德国文学专业，但是接受了父亲和一高德语教师菅虎雄的劝说，改报法学部。那时候同时通过入学考试的学生，法律和政治两个学科共计有 654 人。政治学科的学生通常通过高等文官考试后能成为高级官僚，是一条颇有前途的升学之路。

后文将谈到，丸山毕业后被法学部聘用为助教，从此走上了学术研究的道路。在担任助教第一年的冬天，他向由法学部和经济学部教师担任编委的杂志《国家学会杂志》投寄了一篇文章（1938 年），其中写道：

> 现代被称为政治化的时代，各种文化体系都丧失了曾经的自律性。"为科学而科学"的旗帜已经褪色，现在的科学开始仰视高高在上的权力，其与大众一样被置于权力的统治之下。相比理念，更倾向于意识形态。这种倾向在政治学上表现得最为明显。①

"政治化"（Politisierung）这个词来源于 20 世纪 30 年代初矢部贞治（东京帝国大学政治学）、黑田觉（京都帝国大学宪法学）首次介绍的德国公法学者卡尔·施密特的著作②。丸山在大学二年级时得到了一本卡尔·施密特的《政治性事物的概念》（*Der Begriff des Politischen*，1933 年改订版）原文著作，爱不释手，以至于书的封面都翻得破损不堪③。社会是民

---

① 「1936—37年の英米及独逸政治学界」、『丸山眞男集』第 1 卷、82 頁。
② 『丸山眞男集』第 6 卷、97 頁。
③ 『丸山眞男集』第 16 卷、275 頁。小尾俊人『本は生まれる。そして、それから』、幻戯書房、2003 年、128-129 頁。

众和各个集团为达成各自的目标而采取行动的领域,国家不能干涉社会内部的活动,能做的只是尽量从外部保护社会全体,调节利害冲突。这就是建立在国家和社会分离基础上的"近代"政治观和国家观。而迫使其发生转变的正是上述"政治化"的动向。

从20世纪20年代开始,在欧美诸国出现了如下情况:因为战时动员和经济发展计划的实施,国家开始对经济领域大力干涉,取代从来的议会政治,采取依靠行政阁府的强大指导力来推动社会整体运行的体制。丸山在大学二年级时曾聆听行政学方向蜡山政道教授的"政治学"(政治原论)讲义。这个讲义原本由矢部贞治副教授(1939年晋升为教授)来讲授,但因为他从1935年(昭和十年)赴欧美留学,改由蜡山政道教授代他授课。

蜡山在那时已经问世的著作《日本政治动向论》(1933年)中列举出了德国元首权限的强化、英国举国一致内阁政治的变化,以及一战后在欧美出现的"新国家资本主义"和苏联的计划经济,从中发现了各国"立宪独裁"体制从"近代"到"现代"的政治变化[1]。以议会政治为目标的"近代"自由民主主义这时处于"危机"中,需要用"现代"的方法来克服它。当时,法学部的学生和教师间的联谊组织——绿会每年暑假都会委托教师出题和评审,进行有奖征文。丸山二年级的时候担当"政治学"讲义的教授是蜡山政道,他出的征文题目是

---

[1] 从这个时候开始,日本人开始将近代(现代)和现代(当代)区别使用。

"论民主主义的危机"①。

国家通过经济政策和社会政策介入人们的生活，甚至在文化和思想领域也通过意识形态宣传把人们动员起来。到如此程度，至少作为制度设计的口号，国家与社会、社会与个人的区别完全被无视，所有的一切都被纳入强力的"政治"能量中。要求个人权利和自由的主张也为国家抛在脑后，取而代之的是"民族"共同体的生存和膨胀成为社会动员的旗帜。

这种"政治化"的动向因意大利法西斯主义、德国的纳粹主义的勃兴，以及"七七事变"和思想统治的强化，对日本知识人而言也成了要紧的问题。丸山曾回忆，作为学生的自己非常关心"自由民权的危机"这一问题②。他读得滚瓜烂熟的《政治性事物的概念》（1933年版）、担任助教时翻译后发表的《国家、运动、民族》（1933年）都是卡尔·施密特作为纳粹统治体制拥护者而活跃时写的著作。

不仅仅是学问上的兴趣，对于生活在被特高课追查和监视下的丸山而言，已经切切实实地感受到了"政治化"。他刚一入学马上就被学校的学生科叫去谈话，使他知道特高课已经与一高和大学合作对学生进行着监视③。本该是脱离国家独立不羁的传道授业之所——大学也绝非安全地带。

---

① 『丸山眞男集』第11卷、156頁。
② 『丸山眞男座談』第4卷、103頁。
③ 丸山眞男『自由について―七つの問答―』、編集グループ『sure』、2005年、91-92頁。

攻击大学

国粹主义者针对左翼及与其持有相同立场的知识人发起了攻击,以蓑田胸喜主编的杂志《原理日本》对大学的批判为代表,攻击活动日益增强。就在丸山入学那年,即1933年泷川被处以停职处分的第二年,被视为残留自由派之牙城的东京帝国大学法学部开始遭到集中攻击。田中耕太郎(商法、法理学)、美浓部达吉(宪法,于1934年3月退休)、末弘严太郎(民法、劳动法)、横田喜三郎(国际法)等教授纷纷成为受攻击的目标,正值一年级期末的2月,要求末弘教授辞职的右翼涌到学校里。丸山也亲眼看到了这一幕①。

"国体明征"运动

同月,包括军部、政府和政党在内,都开始对美浓部达吉的宪法学说发起攻击,在此之前,在《大日本帝国宪法》解释方面事实上居于正统派地位的美浓部的国家法人、天皇机关说被政府的正式宪法解释所否认。二年级时,丸山与一高的同级校友猪野谦二一起在宫城县越河的寺院中度过了一个暑假,发奋努力撰写蜡山教授命题的有奖征文,在当时丸山甚至亲眼看到仙台七夕节的装饰上写着"打倒天皇机关说"的字样,也听

---

① 竹内洋『丸山眞男の時代』、中公新書、2005年、50-51頁。

到出租车司机将机关说批判挂在嘴边①。许多民众对政府的宣传深信不疑，统一步调地封杀自由言论。丸山后来将这场"国体明征"运动作为标志着新时代到来的"一个大时代的开始"②。

丸山回忆，这一时期，"一年又一年，时代的激变是巨大的"③。自己在招致右派非难的东京帝国大学法学部读书，父亲与首相斋藤实（1932—1934 年）、内大臣牧野伸显关系亲近，舅舅井上龟六是国粹派的大佬，世间空气的变化又进一步表现在具体人物的行为上，以鲜活的现实，使丸山感受到了这一切。丸山还从父亲口中得知昭和天皇本人是支持机关说的④。美浓部在事件发生不久后辞去贵族院议员职务，在受到《原理日本》攻击的东京帝国大学的教授中，经济学部的矢内原忠雄（1937 年）和河合荣治郎（1939 年）被逐出大学，法学部的蜡山政道为抗议学校对河合教授的停职处分而主动辞职。

"情感上的左翼"

对于这一骤变的时代，作为大学生的丸山怎么看呢？丸山带有些许自嘲的口气回忆说，那时候的自己是"情感上的左翼"⑤。在一年级的暑假，丸山为完成副教授冈义武"政治史"

---

① 丸山眞男・梅津順一等「第七十八回マックス・ウェーバの会例会にて」、『丸山眞男手帖』32 号（2005）、9 頁。
② 『丸山眞男集』第 15 卷、28 頁。
③ 『丸山眞男集』第 16 卷、184 頁。
④ 『丸山眞男集』第 15 卷、29 頁。
⑤ 『丸山眞男座談』第 7 卷、110 頁。

讲义的课程论文，埋头研究明治维新后的秩禄处分，其间读到了由马克思主义理论家和历史学家撰写的论文集《日本资本主义发展史讲座》（全七卷，1932—1933 年），书中对近代日本经济体制和国家的分析令他"茅塞顿开"①。从那以后，他与友人秘密地开办阅读罗莎·卢森堡、R. 希法亭等马克思主义经济学家经典著作的读书会，同时自己一个人如饥似渴地阅读由唯物论研究会出版的杂志《唯物论研究》和唯物论全书（三笠书房）等著作②。

马克思主义文献如果作为纯粹的学术书，将敏感部分遮蔽后是允许刊行的。但是，对于有过被逮捕经历的学生组织读书会则是相当危险的。这时候连共产党本身是否还存在都是未知数，与比他稍微年长的一代人不同，丸山曾经斩钉截铁地说，他从未以为"党""第二国际"存在神圣的光环③。丸山是出于学习的动机，基于想要分析当时日本的政治体制的学问上的关心，而倾心于马克思主义，这是第一动机。然而在他心灵深处，是想离开处于运动旋涡中的学校，只是与几个好友相交往来而已。丸山一边谨慎地避开监视网络，一边为继续运营读书会而寻找新成员以替代因毕业而离会的同学。其中，在抵抗时势的同时，还有一种为曾经的同级校友挺身而出以另一种方式使他们思想复活的开展复仇战争的情绪在里面。

---

① 『丸山眞男座談』第 5 卷、219 頁。
② 丸山眞男『自由について』、96—98 頁。『丸山眞男座談』第 5 卷、230 頁。
③ 『丸山眞男座談』第 5 卷、221 頁。

与讲座派理论的相遇

《日本资本主义发展史讲座》是当时围绕正在发展中的日本资本主义的性质的争论中，由被世人称为"讲座派"的学者，如野吕荣太郎、山田盛太郎、服部之总等人撰写的成果。其中收录的诸篇论文从农村地区地主与佃农关系中的"封建性"生产方式与都市地区高度发展的"资本主义"生产方式两者以不均衡的形式并存的状况中发现了日本资本主义的特殊性，并且阐明了在这种不正常的经济结构之上建立的"天皇制"政治统治结构的历史。

注意到这一点的丸山认为，这个理论能完全说明从中学时代自己就曾思考过的"在日本政治中存在军部、枢密院、元老等奇怪之物，存在不想让立宪主义顺利实现的强大势力"的问题，以及城市与农村之间生活上的悬殊落差问题①。后来丸山反复强调，在说明经济、政治、文化相互联系的整体关系，以及描述潜藏在各种思想之中的政治意识形态方面，马克思主义对近代日本思想带来了巨大冲击②。丸山本人思考日本近代的方法也受到马克思主义的巨大影响。在战后，关于明治到昭和战争前期的思想状况，丸山曾做过如下分析：

> 确实如此，知识人所处的世界在观念上是极其近代的，这种观念世界与规定着一般国民生活的思想相去甚

---

① 『丸山眞男座談』第 5 卷、219-220 頁。
② 『丸山眞男集』第 16 卷、49-50 頁。

远，与国民生活本身的近代化程度也非常不协调。……因大众传媒的进步使"大众"得以出现，大众的意识开始对政治过程产生影响，而潜藏在国民头脑中的社会意识一旦为军部法西斯所点燃，就一下子烧了起来。①

在丸山看来，社会交往的扩大，使大众社会得以产生，也使国家对所有国民的活动实施动员，造成了社会的"政治化"，并在此基础上形成了"法西斯主义"，这是20世纪发达国家共同存在的现象。在日本，因为资本主义发展的后进性和急速性，形成了"封建的"农村地区与"资本主义化"的都市地区同时并存的二重结构，这种特殊情况与上述现象又进一步交织在一起。

这种二重结构产生了朴素地信仰以天皇为中心的"国体"的"普通国民"与掌握着"近代"思想的"知识人"之间在思想上的悬隔。《教育敕语》发布以后，基于神话之上的"国体"观在面向普通大众的"国定教科书、国史"以及军队内部教育中被强调，同时，在高中、大学学生们学的，以及在少数知识人中间成为常识的，是如同天皇机关说所展现的"近代国家"制度观。

"日本法西斯主义"

这种思想世界的二重结构因"大众媒体的勃兴、对大众社

---

① 「日本の思想における軍隊の役割」、『丸山眞男座談』第1卷、266頁。

会的发展"而显露出破绽。在昭和初期,知识人的常识不仅没有得到扩展,反而政府基于对共产主义运动的警惕,考虑到有必要通过战争动员来巩固"臣民"基于"国体"对天皇的忠诚,加强对教育和言论的介入,使二重结构遭到破坏①。已经潜移默化地渗透到大众之中的"国体"的声音,通过"政治化"的各种措施,一下子被吸收到政治过程中,使政治权力和舆论合二为一,封堵住了不同的声音。在天皇机关说事件上,不仅是国粹主义者、军部,内阁、政党和普通大众都齐声呼吁"国体明征",显示出举国一体的状态。即使是谁都不真正相信"国体"神话,也不允许有批判的声音。社会上弥漫着这种空气。

丸山上述分析可以看出他将讲座派提出的分析框架应用在政治思想研究中。从再早些的"大东亚战争"时期丸山发表的书评中也可以看出一鳞片爪②。以《超国家主义的逻辑和心理》(1946年)一文为代表,战后初期丸山对战前日本社会的见解都一直处于这条线上。尽管他在大学时代还没有如此明确的想法,但是毋庸置疑,揭示近代日本政治中存在"顽固地阻碍"立宪主义形成的障碍这一想法已经渐渐形成。

丸山的回忆经常提到,对于自己而言马克思主义已经深深地印在了自己的脑海里,对马克思主义世界观有一种"自卑感"③。这是丸山潜心研究日本近代问题时,经常借助讲座派

---

① 『丸山眞男座談』第6卷、48頁。
② 『丸山眞男集』第2卷、191頁。
③ 『丸山眞男座談』第5卷、221頁。

马克思主义来引出自己思想的由来。

"市民社会"的界限

尽管没有打算投身于社会主义运动，但这位"情感上的左翼"青年，一方面把"近代"自由民主体制和思想作为正在没落的资本主义社会的产物加以批判，另一方面开始摸索取而代之的"现代"政治体制。借用他本人的话就是"自由民主抑或新康德派的二元论，都将市民社会绝对化，这是不对的"①。大学时代的丸山，已经有了非常浓厚的问题意识。

二年级时为了撰写绿会的有奖征文"论民主主义的危机"，他利用暑假时间学习了拉斯基（Harold Joseph Laski）、巴克（Sir Ernest Barker）、布莱斯（James Bryce）、赫曼·黑勒（Hermann Heller）等英、德政治学和国家学的著作，但是论文仍没写出来。三年级夏季学期时聆听了南原繁教授的"政治学史"讲义，并参加了课堂讨论，而后丸山以南原教授出的题目"政治学中的国家概念"提交了有奖征文，获得了二等A（没有一等）的高度好评。这篇文章一针见血地道破基于近代个人主义之上的"市民社会"②观念，是作为"经济人"的资本主义意识形态。伴随着资本主义的高度发展，"个人主义国

---

① 『丸山眞男座談』第7卷、110頁。
② 在20世纪30年代，当时的日本知识人用"市民社会"一词来表示基于马克思主义的"资产阶级社会"概念。当时的丸山所用的"市民社会"也是同样的含义。但是，在战后日本，从20世纪50年代以后，开始基于英语"citizen"的一个含义使用"市民"一词，表示参与政治的一般人，与之相伴，"市民社会"的含义也发生了改变。

家观"被抛弃，取而代之形成了以德国、意大利的"法西斯主义"为代表的"全体主义国家观"的时代。

自由民主的危机

这篇篇幅不长的论文显示出丸山当时的思考，他认为支撑"近代"议会制度和政党政治的自由民主体制在"现代"已经濒临危机。南原繁也随即在《作为政治原理的自由主义的考察》（1928年）一文中，从重视"共同体"的立场出发，批判了"近世"自由主义。这是他与蜡山政道、矢部贞治的政治学研究在这一时期共同关注的课题。在开始撰写助教论文后，丸山以笔名在综合杂志上发表了一篇短文《某日的对话》（1940年）。该文对倡导"新体制"的第二次近卫文麿内阁通过强大的指导力诉诸经济改革表示出了期待①。他大概认为"新体制"宣言中显示出了政权度过自由民主危机的可能性。

再次回归"近代"

大学三年级时丸山在一篇小论文中，虽然指出"以脱离所有社会束缚的自由平等的个人"为前提的自由民主主义的"个人主义国家观"，在金融资本、垄断资本居于支配地位的现代，已经不再受到"市民层"的支持，但是他们也不支持取而代之将议会政治极度缩小的"全体主义国家"支配形态和无产阶级

---

① 『丸山眞男集』第1卷、313頁。

前卫党统治。论文的结论中提出一个问题意识，即清除"法西斯主义国家观"，保持个人相对国家的"否定性的独立"，是新"全体主义"国家观中必须要有的内容①。

大学二年级期末，蜡山主讲的"行政学"讲义考试中丸山的答卷还被保存着，在这份答卷中，丸山一方面承认国家行政活动的扩大是现代的一种倾向，"官僚通过技术的全方位性在越来越广泛的领域发挥着作用，另一方面政治也有必要日益服务于对自由民主性的监视和统治，这是不能否认的"，要进行"民主化"的控制②。基于这种现状认识，尽管他认为"近代"的政治体制存在界限，但作为实践论，则采取了折中态度，"个人主义"原理和议会审议手续都要在制度上保持对政府权力的限制。

丸山的这种态度，也是对前面提到的南原繁在1928年（昭和三年）的论文中谈到"共同体"对人的生存的重要性，欢迎现代思想及"共同体"在政治中的复权，新政治共同体"必须尊重自由主义，'自由'的果实要继续接受它，并使其在自己内部生根发芽"的"自由主义"观点的重新评价③。但是，将其只看作对恩师学说的承袭或迎合也是不妥当的。实际上，丸山是"情感上的左翼"，同时他对日本马克思主义也抱有疑问，可以说大学时代的丸山抱有的想法是重新认识近代个

---

① 『丸山眞男集』第1卷、31頁。
② 丸山眞男「蠟山政道教授行政学試驗答案」、『丸山眞男手帖』23号（2002）、33頁。
③ 南原繁「自由主義の批判の考察」、『南原繁著作集』第3卷、岩波書店、1973年。

人主义和自由主义的意义。

自由主义者的强韧性

前文已有交代，丸山考入大学前后，共产党员大量转向，曾经的活动家们简直就像流浪的孩子回到家一样，无论是不是伪装的，都公然表示依归"国体"。同时也可以看到像河合荣治郎那样曾被左翼视为敌人的自由主义知识人，对来自政府和国粹主义者的威压，死守节气，抵抗到底。

> 在左翼如同雪崩一样纷纷转向的时代，直到昨天以前还信誓旦旦将激进的话语挂在嘴边的一个家伙，转过头来就大讲右翼已经战胜了我们，而后不久又像呓语一般嘴里冒出天皇御稜威和圣战一类的词汇。也有一些人在此之前，我认为他们并不是很彻底的自由主义者，但却越是在反动时期他们越是立场坚定。当然，在自由主义者中也有许多软骨头。总之，我痛切地感觉到只凭借平素嘴上说那些思想是看不透人的。①

丸山在大学一年级和二年级两次聆听过河合荣治郎的讲义，二年级时的 1935 年 6 月，在经济学部的联谊组织"经友会"召开的"自由主义及其批判"讲演会的讨论当中，河合对周围批判自由主义的论客摆出了一副毅然决然的应战姿态。他在综合杂志上不断撰写批判法西斯主义的文章，"二・二六事

---

① 『丸山眞男座談』第 7 卷、110 頁。

变"发生之际丸山正处于二年级期末,也依旧在《帝国大学新闻》和《中央公论》上发表评论,要求严格追究对"法西斯青年将校"置之不理的军部当局的责任,这件事使丸山对河合的评价发生了一百八十度的转变①。

奥托·韦尔斯的呼吁

如果仅就是否屈服于来自外部的批判和压力而言,它或许可能只是与内在信条无关的处世方式问题。然而,当丸山看到一直倡导西欧近代自由主义,从内心里强烈地依归于自由和人权理念,使一位政治家具有了不屈于任何压力的勇气的事例,深为感动。

1933年3月,在德国的国会上,允许立法大权归于总理阿道夫·希特勒的全权委任法得到审议通过。面对议事堂外以及旁听席上到处都是的纳粹党员,面对一片谩骂声,社会民主党的议员奥托·韦尔斯面色苍白,勇敢地表达自己不同的意见。丸山在大学时代读到了这篇讲演的德文原文,留下了刻骨铭心的印象,直到后来也未曾忘记。

"在这一历史的瞬间,我告白自己对自由、和平与正义理念的依归"。"无论何种授权法都无法破坏这个永恒不灭的理念……"其后又说:"向全国受到迫害的勇敢的同志送上问候"。……他在这里表白自己的信仰,无论多么

---

① 『丸山眞男座談』第5卷、225-226頁。

具有历史意义的现实，都不能破坏这个永恒不灭的理念。在这一瞬间，对自由和社会主义的依归，决不会从基于历史之上的现实中产生出来，也绝非学问上得出的结论。归根结底，"真正的原理"是超越现实的，是应该加以实现的。①

韦尔斯原本是位马克思主义者，马克思主义认为近代思想所诉诸的自由、平等理念是受"资产阶层的历史性制约"的。但是，在国家权力极大化，抵抗者受到暴力被消灭的危急时刻，勇敢地强调这个理念是"永恒不灭"的，并宣告自己对它的依归，来抵抗社会的大趋势。自从读到这篇讲演，一个问题在丸山的头脑中一直挥之不去，即"如果不依归于某种超越历史的东西，个人能够抵抗'四周'压力而不断成长吗？"② 此段回忆大概也是丸山自身的信仰告白。

献身于"原理"

即使存在时代的变化，人作为人，只要这个社会要运转，就绝对不能没有原理。正是对这种理念的依归，个人才可能有凭借一己之力与"历史性现实"相对抗的强韧性。据丸山后来回忆，因为先前读过新康德学派的著作，所以一开始并没有对马克思主义认识论和价值观产生共鸣③。对这一问题的关注，

---

① 『丸山眞男座談』第 5 卷、316 頁、第 7 卷、256-257 頁。
② 『丸山眞男座談』第 7 卷、257 頁。
③ 『丸山眞男集』第 10 卷、320-323 頁。

毋宁大概是受到韦尔斯讲演的影响，才清晰起来的。

　　这位具有"情感上的左翼"的青年，逐渐走到重新评价西欧近代"自由、和平和正义理念"的普遍性的道路上，并对它的价值坚信不疑。这一变化是在担任接受了伊曼纽尔·康德哲学并将其丰富化的南原繁的助手后，频繁与之接触而确立巩固下来的①。在大学时代，尚为混沌的想法，在经过研究德川时代的各种思想和福泽谕吉的著作过程中，落实成了文字，开启了作为一名研究者，作为一名专研政治与人问题的思索者的新人生。

---

① 『丸山眞男集』第 10 卷、346 頁。

第三章 战中与战后之间

行幸东京帝国大学的昭和天皇与奉迎仪式
(1940年10月8日,《东京大学百年史·通史2》)

第一节　明治时代已远去[①]

天皇与东京帝国大学

1940年（昭和十五年）10月8日，这一年作为祝贺皇纪[②]2 600周年的政府主办的庆祝活动之一，昭和天皇驾临东京帝国大学。这是自近代天皇驾临东京帝国大学参加该校毕业仪式的惯例，自1918年（大正七年）被废止后22年来的第一次，从那时起成绩优秀的毕业生就再没得到过天皇下赐的"恩赐银表"[③]。上午9点37分，天皇乘坐的汽车从东京帝国大学正门缓缓驶入，天皇在大讲堂玄关前走下车。

当年6月5日已成为法学部副教授、高等官（奏任官）的丸山也穿戴着从父亲那里借来的西式礼服、常礼帽，站在大礼堂内600名"列立拜谒"队伍的中间，目不转睛地凝视着"英姿飒爽"的天皇的一举一动。

进入到事先指定的安田讲堂一看，讲堂已被前来拜谒的高等官们挤得满满的。时间终于到了，身着海军大元帅

[①]　题目取意于中村草田男1931年创作的俳句"雪花飘落，明治已远去"（降る雪や明治は遠くなりにけり）。

[②]　从1872年到1945年，在日本公元纪年和日本的年号纪年同时使用，也采用以首位日本天皇神武天皇即位的公元前660年为元年的皇纪（神武天皇纪元）纪年。

[③]　『帝国大学新聞』1940年10月9日。

军服的昭和天皇缓缓地从讲坛左侧走上台，站在台中央，他身体转向哪边，他对面的人们就向他鞠躬敬礼，天皇环顾人群举手还礼。然后，缓缓从会堂右侧离去。所谓"拜谒"仅限于此。即便如此，一位同僚刚走出讲堂，就发出了"真是盛大啊"的感慨。我并未有如他那般的感激之情，但确实感受到一种从容不迫的威严感，这是事实。①

天皇身着大元帅军服，是那时天皇驾临的惯例。天皇不穿陆军军服，而身着海军军服大概是因为那时的东京帝国大学校长工学部教授平贺让也兼任海军造船中将的缘故。在"列队拜谒"结束后，接着又在运动场举行"奉迎场御临"仪式，以平贺校长为首，学校教职员工和学生面朝天皇三呼万岁。此时，自1937年（昭和十二年）开始的侵华战争已进入毫无解决希望的第四个年头，在"奢侈是敌人"的宣传口号下，生活物资受到管制，娱乐和服饰消费也逐渐受到限制。受"国体明征"运动的影响，文部省发行的《国体之本义》（1937年）被配发到各个学校，政府开始严厉取缔批判战争和对战争不满的言论。

军事化的国内体制

这时，已经换到《东京日日新闻》工作的丸山干治也在日本侵华战争爆发后，在报纸评论中支持政府扩大战争范围，丸

---

① 「昭和天皇をめぐるきれぎれの回想」、『丸山眞男集』第15卷、31頁。

山曾因此诘问:"爸爸,您的自由主义这时也变得很奇怪啊!"对此,丸山干治顺势苦笑道:"不,我原本就不是自由主义者,我是新闻主义者。"① 战后,丸山真男在论坛上异常活跃,他经常提及自己对记者的不信任,这段经历大概是其中一大原因。

如前所述,丸山大概也看出并期待当年即1940年7月成立的第二次近卫文麿内阁倡导的"新体制"能打开内政与外交面临的困局。他身边的蜡山政道、矢部贞治、中村哲等三名政治学者以及关系亲密、一起去避暑地避过暑的黑田觉②都作为这场运动的策划者参与其中,这或许对丸山做出上述判断也产生了影响。

就在天皇驾临东京帝国大学四天后,在汇集了所有政党的大政翼赞会的成立仪式上,近卫首相表现出了对抵制强有力政治指导体制的守旧势力的大幅妥协,"新体制运动"遭遇明显挫折。从那以后,大政翼赞会变成了单纯地动员国民"职域奉公""臣道实践"的组织③。

大学的改变

侵华战争发动以来,日本国内体制急速向军事化转变,大学也是如此。在东京帝国大学经济学部内部,一直持续存在着

---

① 『丸山眞男集』第8卷、353頁。
② 『丸山眞男座談』第9卷、248頁。
③ 伊藤隆『近衛新体制―大政翼賛会への道―』、中央公論社、1983年、171-175頁。

支持"国体明征"的土方成美派与持相反立场的河合荣治郎派间激烈的派系对抗,这一状态直至土方和河合均被处以停职处分才告一段落①。而文学部国史学科的中世史学者平泉澄主张学生体认和实践"日本精神",他得到陆海军的支持,在校内外非常活跃。就如丸山隐晦地谈到,即使在自由派势力比较强而受到右翼攻击的法学部内部,"人们的立场和想法也是五花八门的"②。譬如,刑法学者小野清一郎明显倾向"日本法理",国际法学者安井郁自从与军部有交往后,开始倡导"东亚协同体",甚至"大东亚国际法"③。

就在这一年,作为纪念皇纪 2 600 年的活动之一,东京帝国大学策划编撰《东京帝国大学学术大观》,以展示各学部和各门讲义的历史和现状,而像因天皇机关说被弹压影响的宪法讲义在这种状况下是很难被客观叙述的。法学部和经济学部基于此种判断,决定以收录各教师论文成果的形式刊出《学术大观》④。两学部的"学术大观"合在一起,在"大东亚战争"爆发后不久的 1942 年(昭和十七年)4 月问世。

《文明论概略》的冲击

丸山向《学术大观》投送的稿件是论文《福泽谕吉的儒教

---

① 竹内洋『大学という病―東大紛擾と教授群像』、中央公論新社、2001年、188-214 頁。
② 『丸山眞男集』第 10 卷、184 頁。
③ 秦郁彦『昭和史の謎を追う』第 2 卷、文芸春秋、1993 年。
④ 『丸山眞男集』第 2 卷、160 頁。

批判》。丸山阅读的是1938年（昭和十三年）岩波文库刊行的福泽谕吉的代表作《文明论概略》（第4次印刷，1938年10月刊行）。对1875年（明治八年）福泽谕吉对当时日本社会的批判让丸山读起来感觉"痛快淋漓"，在福泽其他著作中也有这样的思想，丸山曾回忆："字里行间读起来宛若对我们这个时代的痛烈批判，痛快淋漓。"①

在《文明论概略》第二章中，福泽批判了将连绵不断的日本"皇统"夸耀为"金瓯无缺""绝于万国"的"国体"论者。使"国君"家系持续不绝不是难事，相比强调王家的存续，它的前提，即"人民"自身保有"政治权"以防止被他国支配才是更重要的，借此来维持一国独立的形式才是真正意义上的"国体"。受到福泽上述语言刺激的丸山说了如下一段话：

> 曾经嘴上说着"金瓯无缺"，而一副得意扬扬的样子，再次回想起那时的情景都觉得无地自容，但这确实是昭和10年代日本的现实。这首"金瓯无缺"爱国进行曲，响彻日本全国，全日本都在夸耀万邦无比的"国体"——不是福泽谕吉口中的国体含义，而洋洋自得。维新之初，福泽等人能有如此自由的发言，而现代日本难道连那时还不如吗，日本近代的百年历史究竟该如何评判，我对此抱有深深的疑问。我想对于那些没有体验过战争的人，很难理解我的话。②

---

① 『丸山眞男集』第13卷、39頁。
② 「『文明論之概略』を読む」、『丸山眞男集』第13卷、178頁。

这一批判即使在今天也依然有效。丸山所处的昭和年代的时局，即便像福泽那样对"国体论"表示不同意见，也是不被允许的。丸山阅读的岩波文库版《文明论概略》也在1936年（昭和十一年）版中删除了平安时代和镰仓时代天皇"不明不德"的相关内容。丸山在皇纪2600年纪念刊物上，登载福泽谕吉的研究论文，就是想借先人的论点，以看不见的形式来批判眼前的状况。

当时，对于拥有上述思想侧面的福泽谕吉，庆应义塾的塾长小泉信三在《改造》杂志上发表文章表示，日本侵华战争的形势与甲午战争时福泽谕吉的对外强硬论结合起来，将福泽谕吉思想中一以贯之地对"国权皇张"的热情赞美为"我国国民精神"的表现①。对于福泽谕吉的自由主义思想，与庆应义塾有关系的人更强调他作为国权者的一面，宣传其对战时时局的意义。

对福泽谕吉的重新评价

恐怕是考虑到上述情况，丸山的论文《福泽谕吉的儒教批判》也主张福泽谕吉具有"国民自主的立场"，并常常抱有"强烈的对外意识"。但是，福泽所说的一国独立，归根结底是实现个人的"独立"，即"市民的自由"不可缺少的条件。丸山指出，即使福泽在明治后半期对朝鲜和中国的批评言论，也

---

① 小泉信三「日清戦争と福澤諭吉」、『小泉信三全集』第13巻、文芸春秋、1968年、390—420頁。

与他早期的作品《劝学篇》等一样，归根结底是基于一种欲克服"封建门阀制度"及使其正当化的儒教伦理的意识。小泉信三在国粹论评价中，也尝试顺应时势，肯定福泽谕吉的国权思想，防止福泽被"日本精神"论者批判为西洋崇拜者、个人主义者。与之相对，丸山对福泽有不同的认识，他对福泽做了正面评价，认为福泽归根结底是打破日本人根深蒂固的"封建意识"，想让"欧洲市民文化"在日本扎下根的思想家。

丸山对福泽的重新评价，在正值"大东亚战争"酣战之时，应《三田新闻》约稿而撰写的短文《福泽谕吉思想中的秩序与人》（1943年）中已可见明确端倪。他在该文中指出："福泽认为，在我国传统的国民意识中最欠缺的精神是自主性人格"。

> 例如，道德法律常常作为外在的权威发挥着强制作用，而严格的教义与人们内心中追求自身私利私欲而不以之为耻的意识又是并存的。在批判精神的积极意义不被承认的地方，权力变得越来越封闭，批判则变得越来越消极甚至演变成了一种置身事外的旁观态度，形成了官尊民卑，在官员内部，权力呈现向下膨胀、向上收缩的状态；造成了人们对事物的轻信，由原来对东洋的盲信一跃成为对西洋的盲信，诸如此类。①

如果将最后一句的"西洋盲信"换成对"日本精神"的赞美，这就是丸山眼中的从昭和初期至战争时期日本政府与国民

---

① 『丸山眞男集』第2卷、221页。

的状态：对比自己地位高的人阿谀奉承，对比自己地位低的人颐指气使加以压制。这种心理，福泽在《文明论概略》中已注意到，他指出武士之间存在"权力偏重"的问题。读到此处的丸山也痛感昭和时代的军队里也是如此。后来，他在战败后不久撰写的论文《超国家主义的逻辑和心理》中，将其命名为"抑压转移"原理①。

近代民族主义（nationalism）的逻辑

对于这种病理现象，丸山在对福泽思想的介绍中，提出了一种理想目标，即每个个人的精神首先脱离周围环境取得"独立"，再确立"自主的人格"。在此基础上，每个人自觉到自己"作为一名国家成员的主体能动地位"，通过参与政治过程，来形成作为"近代国家"秩序的自律②。后来，他在战后不久（1947年）将其作为"近代"思想的逻辑，做了简洁的归纳。

> 总之，近代以前到近代以后的学问发展，如果从人的主体性确立的过程来看，就是人确立了相对自然的自我主体性。接下来是确立人相对政治社会或政治性社会、国家等的主体性。归根结底，政治性社会抑或国家，其自身并不具有自在性的（an sich）权威，如果将其视为使人们的生活变得更加丰富起来的手段的话，就会形成像社会契约

---

① 『丸山眞男集』第 14 卷、201-202 頁。
② 『丸山眞男集』第 2 卷、220-221 頁。

论一类的东西。①

在此处,"近代"的特质就是,"政治社会从自然秩序中分离出来,作为人为的秩序为人们所自觉"。其与丸山在战后曾经引用过的 19 世纪法国历史学家约瑟夫·欧内斯特·勒南(Joseph Ernest Renan)在《何谓国民》的讲演(1882 年)中提到的"国民(nation)即日常的人民投票"所表达的"近代 nationalism"逻辑是相重合的②。勒南的这个讲演在田中耕太郎的法理学讲义中经常被提及③。

丸山所谓的"近代 nationalism"是以大革命后的法国和工业革命以后的英国出现的国民意识为典型的。像瑞士和美国这些国家所出现的领土、语言和文化上的共有性并不是它的必要条件。它是把"自由、平等、博爱"这种"普遍的政治性道德性的理念"作为"民族自豪感"的真实内容,将处于"共通的政治制度"之下作为彼此间"同属意识"的核心。而由独立的个人集合形成的"主动的人民意志",则会不断地巩固它的纽带。通过民主制度,人民自己必然会变成政治决定的主体④。

作为时代批判的国民国家论

丸山在战争期间已经在福泽论和德川思想史论文《国民

---

① 座談会「新学問論」、『丸山眞男座談』第 1 巻、29 頁。
② 『丸山眞男講義録』第 2 巻、23 頁。『丸山眞男集』第 5 巻、67–68 頁。
③ 『丸山眞男座談』第 8 巻、115 頁。
④ 『丸山眞男講義録』第 2 巻、17–18、38、41–42 頁。

主义理论的形成》（1944年，又改题目为《国民主义"前期的"形成》）中简要地说明了这种"近代nationalism"的轮廓，从两个侧面批判了欲将当时的政治体制正当化的意识形态。

一方面，丸山针对基于万世一系的天皇统治的"国体"理念，政府和军部以"万民翼赞""尽忠奉公""臣道实践"等口号，自上而下地动员国民的体制，提出了每个人都培养各自的"自主的人格"，运用自己的判断，作为"主体"来承担国家政治事务的方案。

另一方面，针对"国体"所内含的"八纮一宇"的理念使超越日本国家范围，也涵盖中国东北三省、南亚、东南亚各地的"大东亚共荣圈"的支配秩序正当化，丸山再次指出了以国民国家为单位才是nationalism的健全样态。以上两点是丸山与他的恩师南原繁、冈义武在战争时期抱有的共同看法①。

个人的主体性

前面引用过的丸山在战后不久召开的一次座谈会上，发言中反复提到"政治社会或国家"，这一点值得注意。一个国家要成为真正的国家，具有"否定权的独立的"个人是不可或缺的，这一原理在他学生时代的论文《政治学中的国家概念》中已经有所论及。与他同时代的知识人，例如田边元等"京都哲

---

① 酒井哲哉『近代日本の国際秩序論』、岩波書店、2007年、51-57、266-269頁。

学"派的哲学家倡导个人与全体的"对立统一"①，而丸山认为如果仅仅停留在国家与个人是相互否定的结构这一意义上来理解个人与全体的关系，在现实中就会有陷入极权秩序的危险，而无余力关注个人的要求，就会使国家的强制动员变得理所当然。

在此处，丸山头脑里恐怕想的是英语 society、德语 Gesellschaft——人和人基于各自意志而聚集在一起结社，国家也是，其原本的性质就是一个一个的人通过"人为"结成的"社会"。思想不仅仅停留在把个人的独立作为题目提出来，还应深入到一个一个的"主体"通过"人为"来统御政治权力的过程中。作为"主体"的个人的尊严性在逻辑上是先于所有政治秩序而存在的，决不允许国家通过暴力对它的践踏。

从日本思想中发掘"近代"

丸山视为理想的"近代"，就如他在战后不久撰写的短文《近代的思维》（1946年1月）中所言，并不是简单的"近代思想即西欧思想"。例如，在德川时代的思想中可以找到近代思想的萌芽，它们是人类普遍的理想和规范②。将"近代 nationalism"的意涵和由来作为研究对象的想法最初产生的契

---

① 田邊元「国家的存在の論理」、『田邊元全集』第7卷、筑摩書房、1963年、80-82頁。
② 『丸山眞男集』第3卷、4頁。

机，是在担任助教时，受父亲丸山干治劝说读了一篇评论《自由主义如何》（1890年），文中认为曾经主持《日本》报的明治评论家陆羯南说过对于"日本国家的独立"而言，"个人的自由"不可或缺①。无论是从吸收了西洋思想的明治初期的"遗产"，还是从主张日本论的福泽谕吉、陆羯南等人的思想经验中，丸山都不遗余力地着力推进对以自由为中心的"近代"思想的重新评价。

与西洋中心主义的区别

因此，"近代"对丸山而言，正像与福泽谕吉在《文明论概略》中所说的"文明"是"相对的词汇"一样，历史上在18世纪、19世纪的欧美诸国"近代"也不是以完全的形态存在的。把个人自己的"自主人格"作为确确实实的东西，作为"主体"参与到政治中，这种"近代"是人类超越文化差异的共通的理想。在这个意义上，"欧洲市民文化"在现在看来是先进的，但是从根本上看，西洋和日本的不同也只不过是在此之前西洋和日本哪个更加接近理想的程度上的差异而已。——丸山如何将这种"近代"的理想变得丰满起来，并作为自己的信念使之形式化。要弄清楚这一点，我们有必要回过头来探寻他是怎样走上思想史研究道路的。

---

① 『丸山眞男座談』第7卷、209頁。

第二节　日本思想中的"另类"传统

进入法学部研究室

丸山真男在 1937 年（昭和十二年）3 月大学毕业。据他回忆，一开始就没有打算参加高等文官考试再去当官，因为他有过被逮捕的经历，即使考试合格大概也会在录用时受阻。因此，在大学三年级的秋天，丸山曾表示想进入联合通讯社（后来的共同通讯社）当一名记者，但父亲丸山干治以"这一代人新闻记者太多了"为由表示反对。那之后，丸山偶尔看到公告板上贴着法学部募集助教的广告，那一年丸山聆听了南原繁的讲座和讨论课，论文还入选有奖征文，因此想进入法学部研究室继续学习，于是报了名，最后通过了审查①。

恰恰在丸山被录用后，法学部助教的任期由两年延长到三年。在这期间，丸山游刃有余地一面从事着《国家学会杂志》的编辑等工作，一面作为一名研究者开始撰写论文以显示自己的研究能力。丸山在南原繁的指导下，本来立志于从事西方政治思想史的研究，但是，助教任期结束后并没有得到许诺可以留校从事研究工作。那个时候，在全国大学中开设政治学讲座的为数不多。丸山被聘为助教已内定后，南原对岁末年根到研究室拜访的丸山不无关心地问："你有去乡下当一名中学老师

---

① 『丸山眞男集』第 11 卷、154-157 頁。

的打算吗？"丸山自己也说，那时候根本没有想到自己能成为一名大学教授①。

时局性讲座的转用

不过南原有另外一个想法。那时的文部省推出了一个方针，作为"国体明征"运动的重要一环，要求帝国大学设置"国体学"讲座。在丸山去南原研究室拜访的同月，即1936年（昭和十一年）12月，那笔课程的预算已经打到东京帝国大学文学部账上，1938年1月由主张"日本精神"论的平泉澄兼任讲座教授的"日本思想史"讲座最终得以开设。京都帝国大学文学部也在1937年12月开设了"日本精神史"讲座，由西田直二郎（国史学）和高山岩男（哲学）兼任讲座教授。

但是，东京帝国大学法学部以南原为中心，正在策划一个方案，打算利用"国体学"讲座开展其他活动。在法制史方面已经有西洋和日本两个讲座，在此之前法学部教授会曾向文部省申请新设东洋政治思想史讲座，他们想如果把它放在"国体学"的框架下，申请大概就能够通过。这个"日本及东洋政治思想史"讲座作为"政治学、政治学史第三讲座"于1939年（昭和十四年）3月正式决定设置，在向文部省提交的讲座设置理由书中是这样说的："在方今东亚新秩序建设之重大时局下，振兴有关日本文化及东洋文化的学术研究，设置培养能够

---

① 『丸山眞男集』第10卷、177頁。『丸山眞男座談』第9卷、290頁。

担当兴亚之重大使命的有为人才是极为紧要的工作。"① 作为日本侵华战争背景下配合时局的讲座，新设预算的申请顺利得到批准。

南原这时有一个想法：办这个讲座，不是要把日本思想研究作为社会上甚嚣尘上的"日本精神"论来对待，而是要把它作为一门客观的学问来研究，要把讲座作为对不正常的一片对"国体"的赞美之声的批判来开展研究和教育的场所来运营。用丸山的话说，就是要孕育"对作为时局性学问对象的日本思想史，进行非时局性处理"的学问②。南原很期待丸山成为担当此任的人才，他强烈劝说第二次来研究室拜访的丸山，不要做西洋研究，而是要做"日本传统思想或中国古典政治思想"的研究，并单刀直入地说，"如果事情进展顺利，我想把你招为教师，你助教论文写得出色，也能升任副教授"③。

超乎想象的前进之路

南原的一番话让丸山既吃惊又犹豫。他从一开始就没有认真地想过要成为一名研究者，即使对于南原先生的学问，他在应聘助教时也是持左派的"批判者"立场的。并且即使当上副教授以后，如果曾经被逮捕过的事情被当作问题提出来，大概还会连累南原和法学部教授会。所谓日本的传统思想，首先让

---

① 『東京大学百年史』「資料2」、東京大学、1985年、1171頁。
② 『丸山眞男集』第5卷、293頁。
③ 『丸山眞男集』第10卷、177–180頁。

人想到的是国粹主义者的"日本精神"论，所以对于南原先生的提议，丸山当即说："那样不行"。但是，那时候他也没有完全回绝南原先生的建议，而是抱着不太情愿的态度开始阅读有关德川时代儒学的史料和研究文献①。丸山接触福泽谕吉的著作，也是在这一时期。与此同时，按照南原先生的指示，他去聆听文学部平泉澄的"日本思想史"讲义和和辻哲郎的"日本伦理思想史概说"讲义。

津田左右吉的受难

"东洋政治思想史"讲座开始设立是丸山担任助教最后一年的秋天，即 1939 年 10 月。最初担任讲座教授的是从早稻田大学外聘来做讲师的历史学者津田左右吉。津田左右吉通过对记纪*文本的缜密解读，对日本神话做批判性的讨论而闻名于世。由岩波书店刊行的专著《支那思想与日本》（1938 年）遭到日本军部和右翼的攻击。南原曾对丸山说："如何，他是个好人选吧"，得意之情溢于言表②。但是，这个讲述中国古代政治思想的讲义，使津田左右吉受到了《原理日本》等国粹主义者执着的攻击，第二年即 1940 年，津田左右吉被迫辞去早稻田大学教职，他的四本著作也被禁止发售，甚至因违反出版法而遭到起诉。在此种紧张气氛正浓之时，丸

---

① 『丸山眞男集』第 11 卷、158—160 頁。
* 记纪是《古事记》与《日本书纪》并记时的略称。——译者注
② 『丸山眞男集』第 10 卷、188 頁。

山完成了助教论文,于 1940 年 6 月通过教授会的审查升任副教授。

德川思想史研究

丸山接受副教授任命证书后,把"叙从七位"的叙位文书*寄到家,当时笃信净土真宗的母亲 SEI,把文书摆在佛龛前,双掌合十,而他的父亲丸山干治只是一瞥,嘲笑道,他离正一位的"稻荷神①还差得远呢"②。丸山的助教论文是《近世儒教的发展中徂徕学的特质及其与国学的关联》,发表于 1940 年的《国家学会杂志》上。该文以批判朱子学、通过对经典的独特解释而自创一个学派的江户儒学者荻生徂徕为中心,来通观德川时代的思想史。

丸山对德川时代和明治时代的思想家的著作,抓到什么就读什么,当读到福泽谕吉与荻生徂徕两位极为优秀的思想家的作品时,"忽然感觉眼前一亮"③。作为丸山晋升副教授的审查委员之一的矢部贞治在读到丸山这篇论文后在 4 月 18 日的日记中写道:"这是一篇非常优秀的论文,其对徂徕的理解非同

---

* 叙位是明治政府按等级和功劳等授予个人标示其身份与地位之位阶的仪式。位阶由位与阶构成:从上到下分为 1～8 位,每位又分为正从二阶,共十六阶。——译者注

① 稻荷神是被日本广大民众所信仰的一位能够带来农业丰产、商业繁荣、家庭安全的神灵。在日本街口或各家里的庭院里常设有供奉他的祠堂,对庶民而言,稻荷神就在自己身边。在祠堂前,通常会树立一杆写着"正一位"位阶的旗帜,故而丸山干治以此嘲笑丸山真男副教授教职的位阶比稻荷神还差得远。

② 『丸山眞男集』第 15 卷、30 頁。

③ 『丸山眞男集』第 13 卷、38 頁。

一般"①。当时法学部在职的教授和副教授共有 32 名，其中政治学系的教师中除神川彦松（外交史）、高木八尺（美国政治史）和南原繁（政治学史）等三人是超过 50 岁的老先生外，其他人都是像矢部贞治（政治学）和冈义武（政治史）这样近 40 岁的人，实际上大家对 12 年都未曾纳新的政治学系的新人抱有很高期待。

荻生徂徕

丸山开始关注荻生徂徕的契机也源自他对"时局"的批判意识。那时候盛行纪平正美、山田孝雄等人的"日本精神"论，并且以《古事记》等日本古典为基础来阐释"大和心"思想的本居宣长的国学，通过"国体明征"运动和皇纪 2 600 年纪念活动，得到了广泛赞誉。然而丸山注意到，宣长要论证、揭露作为德川时代支配性意识形态的儒学的"欺瞒性"。

宣长批判儒学特别是朱子学的伦理，认为它是通过空理以束缚人的"真心"（包括善恶、愚贤等各种各样的真情实感），它是充满着中国"汉意"的产物，不过是统治者宣扬崇高的理想以训导民众而创造出来的东西而已。丸山自身也对昭和支配性意识形态有不同意见，故而对宣长产生了兴趣。丸山以村冈典嗣（东北帝国大学教授、日本思想史研究专家）的国学研究

---

① 矢部貞治『矢部貞治日記』銀杏の巻、読売新聞社、1974 年、302 頁。日记原本中为"徂徕"，《矢部贞治日记》刊本中误印成了"组织"，笔者引用时恢复为"徂徕"。

为线索，直至追溯到了对宣长思想的形成曾产生过影响的徂徕的儒学思想①。

村冈还是"东洋政治思想史"讲座教授候选人中继津田左右吉之后另一位得到南原高度评价的学者②，他从津田左右吉担任讲座教授后第二年开始，到丸山接任东洋政治思想史讲座的任课教师（1942年10月）为止，担任了该讲座三年外聘讲师。

丸山的助教论文＊中指出，在德川时代的儒学思想内部，"思维方式"发生了变化，已经开始"萌生近代意识"，以荻生徂徕为契机，以至于产生出了自身的对立物——国学。在这里，此前被视为一体化的政治世界和人类道德之间打入了一个尖锐的楔子，既承认"公共"领域存在固有规则的同时，在"私人"领域的个人的多样性活动也得到了解放③。这被视为"近代"的指标。

当时的丸山将德川时代的身份统治制度视为正当的"意识形态"——在战后遭到了种种批判，对这种历史解读又做了修正④——朱子学的思想体系认为天地自然的运行法则和人类社会的秩序贯穿着同样的理法，这两方面的"道"都要从属于身

---

① 『丸山眞男集』第16卷、51頁。

② 丸山眞男・福田歓一編『聞き書・南原繁回顧録』、東京大学出版会、1989年、243頁。

＊ 东京大学法学部制定的一种制度，在学部在学的学生中选取学生，在其毕业后聘为学术助教，并要求其三年之内完成一篇"助教论文"，以此来达到培养年轻研究者的目的。——译者注

③ 『丸山眞男集』第1卷、226頁。

④ 『丸山眞男集』第12卷、98頁。

份道德。相对于此，徂徕认为儒学经典中所谓的人之"道"，归根结底是为了实现统治的目的，作为一种制度为中国古代的君主"先王"或"圣人"制造出来，自然界的理法与它们截然不同。关于秩序与人的关系，徂徕有了新认识，他将"私人＝内部的生活"的"人的自然性情"从"公共的＝政治性的东西"的"道"中解放出来①。

"政治的存在"的发现

丸山的这种解释与16世纪佛罗伦萨的尼可罗·马基雅维利在《君主论》中指出的"政治的固有法则性"相似，他从徂徕那里发现了"政治的存在"②。在有"政治"做支撑并在制度框架下的秩序之上，实现"诸种文化价值的独立"，心理与情绪的真正解放，并确立对各种各样思想的"宽容"，这就是"近代意识的成长"。从徂徕到宣长的思想系谱，可以看到这种近代意识的萌芽③。从大学时代开始丸山就对"近代"的意义有所关注，但是直到现在才对"近代"有了明确的勾勒。

从整体上看，论文将元禄时期到享保时期商品经济的发展而引起的"社会变动"作为徂徕学出现的背景，该文受到了马克思主义历史学和卡尔·曼海姆的知识社会学的很大影响。相对于马克思主义思想主张"学问本质上具有党派性"，曼海姆

---

① 『丸山眞男集』第1卷、229頁。
② 『丸山眞男集』第1卷、205、213頁。
③ 『丸山眞男集』第1卷、206、289、304頁。

认为不仅要揭露隐藏于思想背后的阶级意识，还要结合社会阶层变化，具体地描绘思想本身的发展，这一方法对丸山多有启示①。

对日本马克思主义的批判

从该角度出发，丸山通过分析徂徕的思想，使自身从马克思主义思想体系中解放出来，明确地发现了人类行为中"政治"有其自身固有的价值。二战后，丸山一直批判从斯大林体制到日本学生运动中日本马克思主义者的思想使"政治逻辑"不复存在的问题。这种对"政治性事物"②的关注，在他的助教论文中通过将徂徕论与卡尔·施密特结合起来讨论就已显露出来。例如，将徂徕的思想看成儒学的"政治化"，关于徂徕的"圣人"观，强调"圣人"一举创立秩序的绝对性和"彼岸性"都明显受到了卡尔·施密特的影响③。

"作为"的逻辑

如果仅仅认为，"政治性事物"从个人和集团的各种活动中独立出来并统治这两者就是"近代性"的，那它即使能成为国家主权的正当化，奥托·韦尔斯在帝国议会上高声呼吁的个

---

① 『丸山眞男集』第12卷、90頁。
② 『丸山眞男集』第1卷、248頁。
③ 『丸山眞男集』第1卷、197、218頁。

人的"自由",也不会被作为秩序的前提获得不可撼动的位置。丸山大概从批判性看待魏玛共和国议会民主政治、后来"荣升"为纳粹主义体制第一学者,但不久即坠入深渊、遭到批判的施密特的命运,看到了投机主义者的悲哀①。对于助教论文中的这一缺陷,他想在晋升副教授之后写第二篇论文《近世日本思想史中的"自然"与"制作"——作为制度观的对立》(1941—1942年)再加以解决。

徂徕将"道"说成是"先王所立",丸山在第二篇论文中聚焦于人通过"作为"奠定秩序之基础的问题。相比助教论文,丸山在这篇文章中更加强调带给人类世界秩序的"圣人"的绝对性,他引用了施密特的《政治神学》(1922年)以及该书中也提到的将超越的神与国王加以类比的勒内·笛卡儿的书信(1630年)②。

同时,丸山指出,徂徕所提出的"有主体性的作为的立场"包含了通往德国社会学者斐迪南·滕尼斯在《共同体与公民社会》(1887年)中作为"近代市民社会"原理提出来的"公民社会(Gesellschaft)原理"的萌芽③。人与人,通过理性意志(Kürwille)——丸山将其翻译为"形成意志",后在《日本政治思想史研究》英文版中翻译为"rational will"(理性意志)——结成或改革、废除社会关系。当然,徂徕认为"作为"的主体只是古代的"圣人"以及其后世世代代的当政

---

① 『丸山眞男集』第1卷、74頁。
② 『丸山眞男集』第2卷、45-47頁。
③ 『丸山眞男集』第2卷、22、32頁。

者。尽管"作为"的原理曾一时遭到取缔,但思想发展的历史最终没有回到原点,而是进入一个新阶段。这种思想经过一时的低谷,"隐隐然"还在继续得到发展,最终在明治初期通过福泽谕吉和植木枝盛接受民众是"作为"的主体这一西方契约论达到了发展的顶点。

先于国家的"人的团体"

丸山第二篇论文的划时代性意义是在助教论文指出"政治"的固有性基础上,进一步指出了在"政治性事物"形成以前禁止公权力介入的道德秩序在逻辑上是存在的。在该文最后一节,丸山引用福泽谕吉在《西洋事情》外篇中写的"小弱无力者共谋才能实现人人之权利,保全生命",以及植木枝盛《民权自由论》中的一句话"所谓自由是如此的崇高,须完好无缺地保卫、守护好它",并对他们主张的国家是普通大众通过"约定"而建立起来的观点做了介绍①。总之,个人从纯粹"私人的"世界中走出来,大家相信"自由""权利"(right)这种共通的价值,并为了守护它们而与他者达成协议,从而形成了"人的团体"〔丸山引用的是小川为治《开化问答》初篇(1874年)中的词"人間仲間",大概是 society 的翻译〕。如此,形成了承认彼此"主体性"、相互平等的道德秩序,而后具有统治权力的政治与国家在此基础上被构筑起来。

---

① 『丸山眞男集』第 2 卷、118 頁。

第二篇论文的意义

对上面的内容加以简单的整理，丸山的助教论文企图描画出公私领域分离的结构图，将在统治一切的政治权力下，形成"宽容""私人"活动在各个领域展开的体制，这就是"近代的东西"。但是，只要政治的当权者一味允许在他统治下每个人随心所欲地表现自己的欲望和心情，那么某些情况下统治者的恣意专制也是被允许的。丸山在他的福泽谕吉论中加进了一些自己的见闻，想传达的是，即使在战时日本的高压统治之下，从私欲出发钻政府空子而"毫无廉耻意识"的情况也是屡见不鲜的。这与对权力的抵抗没有关系，这些天不怕地不怕地躲开政府的监视来追求自己欲求的平民百姓同时也是向宪兵告密、出卖邻里的人。"主体"之间道德上的约束一旦消失，个人就会变得放任自我，各自分立，而此时强大的政治权力就会横行无忌。

对此，为了确保个人的自由和对政治权力的批判作为伦理形成牢固的基础，需要思考在随心所欲的自我的"私"的内部与权力统治下的"公的"空间之间，由保护自由与权利的"主体"相互联结形成一种道德秩序。这就是先前我们讨论过的丸山对福泽谕吉思想中"近代 nationalism"抱有肯定态度的原因，在丸山看来，"近代 nationalism"极其有助于保持作为中间领域的"人的团体"的内在联系。

作为先于"政治性事物"的存在，"人的团体"的道德秩序是需要思考的问题。这一观点丸山自身并没有明确的论述，我们只不过通过对第二篇论文最后一节中的引用，读出了丸山是把"人的团体"与国家区分看待的。那么，该如何划定"人的团体"的外部边界呢？它的形成真的与强制力量的作用毫无干系吗？如何才能将"内在心情"① 所支配而活着的个人，培养成将自由和权利的价值内在于心的行为"主体"呢？这些问题还都没有解决。

约翰·洛克的自然状态

在丸山战后撰写的论文《约翰·洛克与近代政治原理》（1949 年）中，谈到了约翰·洛克《统治二论》（1689 年）中的社会契约论。他认为该理论证明了在"政治社会以前的自然状态"存在"人与人之间的相互连带性"。在自然状态中，"为神所约束的意识"激发了人的理性，使人们在不存在强权的状态下，产生出了"自由与规范的内在结合"②。结合此处，我们可以从丸山第二篇论文所阐释的"近代"秩序原理中读出三个层次，即自然的个人、将伦理内在于心的"主体"构成的"人的团体"以及政治秩序。助教论文和第二篇论文后来都被收入他的第一本论文集《日本政治思想史研究》（1952 年）中。

丸山原本是"情感上的左翼"，轻视自由、平等这类没落期的资产阶级想方设法使自身统治正当化的意识形态，但是从

---

① 『丸山眞男集』第 1 卷、289 頁。
② 『丸山眞男集』第 4 卷、192 頁。

写这篇论文之后，他变得强烈认同"近代""自由"和"权利"的价值，主张人们应将它们内在化。丸山亲眼看到周围的河合荣治郎、南原繁以及田中耕太郎等学者毅然挺身而出抵抗时局的身姿，大概也促进了他思想上的转变。

致力于近代的理念

曾遭到纳粹迫害的奥地利法哲学家汉斯·凯尔森的论文《柏拉图的正义论》（1938年）的最后一节也给丸山留下了很深的印象。这篇文章首发在一本英文杂志上，丸山读后很受感动，把它记在了笔记本上并背诵了下来①。根据丸山口述，编辑小尾俊人将这段话的大概意思记了下来。

> 绝对的正义是不存在的。但是，人是具有执着之心的动物，有追求正义的执着之心，尽管其所追求的"正义"只不过是幻影，但幻想要比现实更强大。尽管一路上有血有泪，人类仍然会在柏拉图的道路上前行。②

汉斯·凯尔森在1940年逃亡到美国。像柏拉图那样确信绝对的真理与正义实实在在地存在，这对于已经习惯了价值相对性的现代知识人而言是困难的。但是，在面对巨大的权力恐将践踏个人的现实时，人们虽然明知无论是在理论上还是在现实上那都是一条极为艰难的道路，但仍然不得不诉诸作为幻影

---

① 『丸山眞男集』第16卷、264頁。
② 小尾俊人『本は生まれる。そして、それから』、幻戯書房、2003年、126-127頁。

的自由与权利这些理念。"幻想要比现实更强大"。在这种思想的影响下，丸山也把"近代"作为自己的理想，并为实现它而不懈努力。借用他本人的话，不是装装样子简单地重复那些语言，而是要"将其纳入自己内心真正成为自己身体的一部分"，其中蕴含着他对"近代"这一理想的强烈的皈依情感①。

日本社会的病理

一旦将自己关注的方向确定为"近代"理念，就能清晰地看到阻碍这一理念实现的日本的现状，就越来越有压力。福泽谕吉、植木枝盛甚至自由民权运动倡导的社会契约论，到了明治后期，都为明治政府的"封建性"秩序思想所压倒。这一情况，丸山在第二篇论文的结尾部分有所论及。"'作为'的逻辑在结束了漫长的痛苦忍耐之旅后，现在要到讴歌自己青春的时候了，尽管前方道路布满了荆棘。这也是我国'近代性要素'注定要经历的命运"②。

媒体也好，周围人也好，都狂热地支持与纳粹德国结盟、与英美间的战争，从"大东亚战争"即将开始前到战争期间，丸山与周围的现实世界有种格格不入的感觉。丸山相信相比德国、意大利，倡导自由、民主的英国和美国更接近正义的一方，无论如何应该避免战争。但是，周围的声音却与他的想法完全相反，在这种氛围变得日益强烈的情况下，牢牢地守护着

---

① 『丸山眞男座談』第7卷、108頁。
② 『丸山眞男集』第2卷、124頁。

自己的信念是很困难的。与丸山具有同样想法的冈义武也曾严肃地表白，自己脑中也曾萦绕着"我们这样是不是不正常啊"的想法①。

就像本书前面引用过的丸山在《福泽谕吉思想中的秩序与人》中所言，战后以《超国家主义的逻辑和心理》（1946 年）为代表的一系列著作中揭示的压抑"近代意识"成长的日本社会的病理特质，在他战争期间撰写的文章中都有提到。这一时期的丸山，在整体上已经形成了一种视角，即从纵的方向把实现"近代"的世界历史看作一个运动，着眼于西洋文化与日本文化的不同之处，思考横断面上"文化接触"的问题，而因为战后不久欧美新文化一举流入日本，日本文化与异质文化相接触最终"迸发出了火花"②。

但是，近代日本即使引入了西洋文化，也没有把它们与原有的传统联系起来，而是随便放置，让它们"无媒介地并存着"，丸山在战时的书评中引用卡尔·洛维特的论文《欧洲的虚无主义》（1940 年）指出了上述倾向③。在此时，他已经开始显露出对贯穿历史发展中日本思想文化持续存在的特殊性的关注。后来经过"文化接触"，丸山在 20 世纪 50 年代以后最终形成了揭示日本思想的"原型""古层"的问题意识。

---

① 東京大学政治学研究会「『忠誠と反逆』合評会コメント」、『丸山眞男手帖』36 号（2005）、22 頁。
② 『丸山眞男集』第 11 卷、180 頁。
③ 『丸山眞男集』第 2 卷、194 頁。

第三节　八月十五日——结束与开始

参军经验

丸山通过自身的从军体验，切身体会到了渗入日本社会之中的"压制转嫁"病理的深刻性。在"大东亚战争"战况已经急转直下恶化的 1944 年（昭和十九年）3 月，他与一位一高同届校友的妹妹小山 yukari 结婚，在杉并区天沼一带租了一间房子作为新房。那时候丸山已经看到了 7 月份日军在塞班岛被攻陷的报道。此后不久，他在与来访的鹤见和子——中断在哥伦比亚大学求学而回国后，经常来研究室拜访——谈话中也提到，"日本已经束手无策，战争到此已经尘埃落定"。而恰在此时他收到了征兵通知书[1]。

那时候的丸山已经 30 岁，通过长野县松本连队的兵士教育征集，成为一名陆军二等兵。东京帝国大学教授、副教授应征入伍是很罕见的，被征为二等兵的也仅此一例[2]。对于拥有大学学历的人来说，即使在征兵入伍后，如果上报了后备干部的志愿，就有机会成为将校，但是丸山明确表示："当兵并不是我本人的意愿"，而心甘情愿地放弃了，因此作为二等兵随

---

[1] 『丸山眞男集』第 15 卷、163 頁。
[2] 田舛彦介ほか「広島軍隊時代をともにして——聞き書：田舛彦介」、『丸山眞男手帖』34 号（2005）、54 頁。

所属部队被送到朝鲜平壤①。

在朝鲜度过两个月的军旅生活后，丸山因为营养失调引发脚气病住院，没多久就返回国内。丸山感觉，在军队里的那段时间如同在地狱里一样。陆军与海军相比，经常被认为"表面看是民主的"，其含义是，完全无视士兵原来的职业和地位，士兵的等级决定了他的序列②。本来报名参军的人中大学毕业者很少，连中学都没读过的一等兵，在上过大学的二等兵面前有低人一等的感觉，故而他们不厌其烦一个劲儿地欺负他。丸山经常被他们"嘿，大学生"这样呼来喝去地使唤。对于他们而言，上大学已经不太可能了，学生也好，老师也罢，都一样遥不可及③。他还经常受到下士官和上等兵的殴打，例如在点名时，要求不停地喊出"朝鲜军司令官板垣征四郎阁下"，否则会受到严厉的处罚④。这件事与他曾经在拘留所中的经历一样，在这里他也被强迫接触到了"异质的东西"⑤。

作为场所的朝鲜

丸山当兵去的地方是当时日本帝国的殖民地朝鲜。据丸山回忆，让人感觉"最为差劲的"是在陆军志愿者训练营中接受

---

① 福田歓一『丸山眞男とその時代』、岩波書店、2000年、29頁。
② 『丸山眞男座談』第1卷、260頁。
③ 丸山・梅津ほか「第78回　マックス・ウェーバーの会例会にて」、『丸山眞男手帖』32号（2005年）、7頁。
④ 『丸山眞男座談』第1卷、170、269頁。
⑤ 『丸山眞男座談』第7卷、63頁。

彻底"皇民化"教育后入营的朝鲜人一等兵①。战后丸山在与加藤周一围绕安德烈·卡耶特导演的法国电影《以眼还眼》（1957年）的对谈中的发言颇耐人寻味。电影主要讲的是在黎巴嫩的一所医院里做医生的一位法国人，因为一件对他来说不起眼的小事而招致当地阿拉伯人的切齿痛恨，对他展开了不懈的复仇。丸山看到这个电影后，联想起在平壤时的经历说了如下一段话：

> 拉着牛车的朝鲜人在行军队伍前正想横穿过路，军队的指挥官大喝一声"喂！"这些朝鲜人立刻唯唯诺诺卑躬屈膝地牵着牛车避开队伍，把我们让过去。他们用一种可怕的眼神盯着我们，那种眼神令我印象深刻，无法忘却。②

就如卡耶特导演的那部电影中的医生一样，即使他想凭自己的良心对待当地人，但在遭受着殖民统治的"当地人"看来，他终归还是应该痛恨的统治者中的一分子。越是对他们亲切，越是会让他们嗅到歧视的味道，就会越来越愤怒。表面上顺从让路，或者表面上努力做忠实的"皇军"士兵，但是在他们的内心却潜藏着对日本人无限的嫌恶和憎恨。丸山自己的经历也让他亲身看到了这种复杂的怨恨情感。

殖民地统治的责任

丸山一直强烈地意识到，不仅日本政府，全体日本人通过

---

① 丸山・梅津ほか「第78回　マックス・ウェーバーの会例会にて」、5-6頁。
② 『丸山眞男座談』第2巻、197頁。

殖民地统治和战争给朝鲜半岛和中国带来了惨痛的伤害。丸山对于井狩正男、鹤见俊辅等人提出的知识人对战争负有责任的问题，在《战争责任论的盲点》（1956年）一文中指出，侵略战争的责任首先在天皇和政府，而"我们的国民至少对中国的生命、财产和文化所造成的惨不忍睹的破坏归根结底也是负有共同责任的"[1]。虽然他的话直接指向的是昭和时期侵略中国的那些人，但是在战后日本知识人中，丸山也属于较早地言及一般国民对亚洲诸国负有"道德责任"的人。

在丸山晚年，1995年（平成七年）6月和第二年4月两次与坂本义和、安江良介在要求日本政府应以国家名义对"慰安妇"和被强征的劳工加以补偿的声明上联名签字[2]。在论述战争责任以及在索赔声明上签字时，丸山的内心中恐怕又一次被拉着牛车的朝鲜人的眼神所刺透。他一贯对近代中国的民族主义评价很高，对毛泽东的人民公社路线也不乏溢美之词[3]，大概与这种赎罪意识不无关系。

严酷的军队体验因为丸山经常患病而宣告结束，11月他回到东京。在日本的战败之势越来越明显的情况下，南原繁等人提出了一个设想并开始付诸实施，即做近卫文麿、木户幸一等宫内和政府重臣的工作，争取获得海军的帮助，而后压制陆军的彻底抗战论，以尽快结束战争。冈义武也曾对丸山说，为了避免战争结束后社会的混乱，适宜建立以皇族担任首相的政

---

[1] 『丸山眞男集』第6卷、160-161頁。
[2] 『世界』611号（1995）、623号（1996）。
[3] 『丸山眞男座談』第4卷、194頁。

府①。丸山还从鹤见和子那里了解到美国方面围绕对日战后处理方针的讨论情况②。因此，他已经预料到日本要向联合国投降，但那或许是在按陆军的意见，与美军展开本土决战之后的事情，在前途仍然如堕五里雾中之时③，1945 年（昭和二十年）3 月，丸山再次应召入伍。

《波茨坦宣言》

这次丸山被派到位于广岛市宇品町的陆军船舶司令部，依然做二等兵（同年 6 月升为一等兵），在参谋部情报班负责收集船舶情报和国际信息，工作的严酷程度比在平壤时小很多。同年 7 月丸山在报纸上读到联合国发出的《波茨坦宣言》，对于其中谈到的日本政府若接受投降劝告书，就必须要致力于"言论、宗教、思想的自由以及尊重基本人权"，感觉"心中一颤，热血澎湃"，在监听美军短波广播时也听到"基本人权"这个词，"觉得就像邂逅初恋情人一样激动无比"④。丸山内心中认为这时的大日本帝国在伦理上已经战败了。

但是，这种想法是不能在司令部内部说出来的。他还没有反抗的勇气，只能依然谨慎地做着上面分配给他的任务，大概也要经常看上司的脸色行事吧。后来他回忆说，"这种二重人

---

① 丸山眞男、福田歓一編『聞き書き・南原繁』、267-275 頁。
② 『丸山眞男集』第 15 巻、163 頁。
③ 『丸山眞男座談』第 2 巻、212 頁。
④ 『丸山眞男座談』第 2 巻、207 頁。石井和夫「『日本政治思想史研究』を出したころ」、『丸山眞男集』第 2 巻付録・月報 9 号（1996 年）。

格的生活"，"即使现在想起来，也觉得自己的样子惨不忍睹"，"通过各种各样的形式，让我切实感受到了自己内心之中的卑劣与下作"①。

被原子弹轰炸的体验

抱着这种复杂的情感，过着军队生活的丸山，后来却遭受到一次巨大打击。8月6日晨，离宇品町的陆军船舶司令部五公里的地方，被美军投下了第一颗原子弹。正在前院列队点名的丸山等人看到一团闪光，因为处在一幢建筑物的后面，所以没有受到热浪和核冲击波的直接冲击。然而，没过多久因为火灾和被玻璃划破而身受重伤来司令部寻求帮助的市民已经涌入前院，人山人海。1969年（昭和四十四年）丸山曾在一次专访中对《中国新闻》记者谈及这次遭遇核爆的经历，在谈话记录中，谈到这里时有一处中断②。这一定是丸山谈着谈着泪水一下子夺眶而出。那种难以想象的悲惨景象，使丸山对那天的记忆停留于此，其后发生的事在他头脑中一片空白。

丸山首次谈及这次经历以及他高中时期被捕的事件，都是在纪念战后20周年举行的演讲《二十世纪最大的悖论》中③。丸山认为他在战后一直受结核和肝炎的困扰也可能与受核爆的影响有关。但是，想到自己与广岛市民相比只不过是一名旁观

---

① 『丸山眞男座談』第2卷、212頁。
② 丸山眞男「二十四年目に語る戦争体験」、『丸山眞男手帖』6号（1998）、10頁。
③ 『丸山眞男集』第9卷、288頁。

者，所以没有提交核爆受害者援护申请。并且他在去世前留下遗言，"坚决不收取奠仪。如果真有那种钱，就捐给核爆受害者或推动制定核爆受害者法的运动"①。

8月15日，丸山在宇品町听到天皇通过"玉音放送"公开表示接受《波茨坦宣言》。听到收音机里播放日本无条件投降后，感到"终于得救了"，有一种"身不由己想要伸个懒腰松口气的感觉"，"却完全没有痛切地把日本的战败作为自己的事而伤心不已的感觉"②。即使对普罗大众抱有作为"咱们国民"那样的同胞感情，与日本帝国的统治机构也已经和自己毫无瓜葛。他努力说服欲打起精神抗战到底的将校。在陆军船舶司令部基于《波茨坦宣言》解除武装的工作完成后，丸山决定9月复员回家，回到因空袭而化为一片焦土的东京。

母亲之死

丸山喜迎大日本帝国战败的同时，却为一件事痛彻心扉。丸山的母亲已经觉察到自己病入膏肓，在空袭来临时她甚至拒绝进入防空洞躲避，在临终前两周就停止进食，让人将自己那份口粮转给丈夫和儿子们，8月15日10时30分生命最后走到了尽头③。丸山8月17日接到父亲干治的告知电报后，独自来到司令部的武道场，在场地的垫子上哭

---

① 丸山眞男「二十四年目に語る戦争体験」、『丸山眞男手帖』6号（1998）、1頁。
② 『丸山眞男座談』第3卷、298頁。
③ 丸山邦男『天皇観の戦後史』、白川書院、1975年、230—232頁。

得死去活来①。一个月后，丸山才回到东京，当他奔回西高井户的家里时，得知母亲死前吟咏了八首和歌，包括听闻广岛被投下原子弹，担心二儿子的平安而写下的作品。其中一首是这样写的：

> 应召入伍离家去，吾儿牵挂我的心，常会想起你，泪眼婆娑惹人厌，叛国不忠的母亲。

丸山的母亲 SEI（日文写作：せい）出生于长州的荻，是一位在明治时代成长起来的贤妻良母，她无疑是把儿子接受天皇命令去参战看成是一种名誉，但一想起出征日那天早上与儿子分别的情景不禁潸然泪下。丸山真男在前面提到的那场讲演《二十世纪最大的悖论》中也提到了这首和歌。"一方面感觉自己作为母亲背叛了国家是不对的。但是又终究无法压抑自己那种不忠于国家的感情。一想到在这两种感情中纠缠分裂中而死去的母亲，真是心痛不已。"这样的母亲，不只是 SEI 一个人，大概有无数个这样的人。她们的内心情感是分裂的、矛盾的，怀有自己对国家不忠诚的自责，这是为什么呢？这个问题使丸山进一步深化了对在此之前日本国家体制的疑问。

在这次讲演的前一年，丸山在与梅本克己、佐藤升的鼎谈中指出，"尽管我无能为力，但战后我一直在思考一件事，在日本这种状况下，自由将如何实现？要以行动现实地证明自由的存在，我们该如何进行抉择？"② 据说伏尔泰曾说过："我不

---

① 飯田泰三『戰後精神の光芒—丸山眞男と藤田省三を読むために—』、みすず書房、2006 年、77 頁。

② 『丸山眞男座談』第 6 卷、161 頁。

同意你的观点,但是我誓死捍卫你说话的权利。"① 罗莎·卢森堡对自由的定义是:"自由,始终是持有与他人不同思想的自由。"② 战后丸山喜欢将他们的话挂在嘴边。无论在何种状况下,确信自由价值的普遍性,这就是自由,特别是当时日本状况下的自由,在1945年8月15日,怀抱着希望与悲哀,这一天成为丸山追求这一课题而展开的一系列活动的原点。

---

① 『丸山眞男集』第5卷、254頁。『丸山眞男座談』第7卷、311頁。
② 『丸山眞男座談』第9卷、185頁。丸山眞男『自由について』、141頁。

第四章 "战后民主主义"构想

在东京大学法学部的课堂讨论（1949年度）的留念照片。大家摆拍阅读的是 G. W. F. 黑格尔的《历史哲学讲义》第四部"日耳曼世界"的德文原版书（Georg Lasson 主编）

第一节　从一片焦土中起步

"武藏野的时代也斗转星移"

1994年（平成六年）1月，次年将迎来战争结束50周年，青土社的杂志《现代思想》组了一期围绕丸山真男的特辑。在重新讨论战后思想的氛围中，在一年半以前丸山出版的论文集《忠诚与叛逆——转型期日本的精神史的位相》中收录的旧稿《近代日本思想史中的国家理性问题》（1949年）和《历史意识的"古层"》（1972年）再次引起了世人的关注。

这个特辑的内容，丸山在给一位德国的日本研究者的信中介绍道，在给那个杂志"经常投稿的人中有不少是反丸山的，所以这个杂志推出'特辑'本身是让人不可思议的。在日本人的来稿中很强的批判丸山风潮或许也与此有关"[1]。确实如此，仅从特辑中论文的标题来看，无论是《丸山真男中政治性事物的"隐蔽"》还是《"近代"主义的错误和陷阱》，如果现在重新读一读，不禁会让人产生一个疑问：这样羞于见人的论文怎么能拿得出来？他们大概想象丸山会读到这些文章，而有意为之。

其中，唯一作为"随笔"登载的小说家埴谷雄高的文章《武藏野的时代也斗转星移》大放异彩。埴谷雄高的好朋友武

---

[1] 『丸山眞男書簡集』第5卷、221頁。

田泰淳在 1957 年（昭和三十二年）末搬到杉并区上高井户之后，与 5 年前左右搬到武藏野市吉祥寺的丸山和住在吉祥寺的埴谷、竹内好关系很好，经常在一起交流，直到 1976 年（昭和五十一年）武田去世，1977 年竹内好去世。

他们热热闹闹相聚甚欢的时代，丸山经常"学问思考"一成熟，就急忙冲出自己家，步行三四分钟来到竹内家，"叙述并论证他的思考"。当时在场看到这一场景的埴谷回忆道：

> 丸山真男分享的思考内容，宛如装着长及数英里的子弹夹的机关枪一样一直在发射，中间没有停歇，偶尔停下来试着想让听众也参与进来，在旁边的我想现在要停了吧，要停了吧，但还是没有停下来。丸山奔出家门时，以及在不长的步行时间里，一定是想好了核心与核心之间的内在关系，一到竹内家刚一说几句话，这个世界的地水火风，人生的人情奥秘，阶级社会的结构，有关系的就扯进来，滔滔不绝。他在内心里已经进入恍惚状态了，即使丸山真男想要停下来，变成了精神自动化机械的原始语言也在运转，这在宗教当中时有存在，就如一旦运笔就无法停下来一样。

一直说个不停，终于中途喘口气，竹内这时会回应："是吧"，而这种千篇一律的回应是在丸山讲了"数十分钟以后"的事。当然，讲话并未就此打住，听到了竹内插话后，丸山"又重新开始滔滔不绝地讲起来"。他和与他也有交情的桑原武夫、森有正并称"日本三大话匣子"[①]。这一评价他们自己和

[①] 『丸山眞男書簡集』第 2 巻、188 頁。

外界都是认可的，这些人物的形象现在想来都是活灵活现的。他中学以来的好友曾写道，丸山在一高的住宿生活开始之初，"好辩论"的一面忽然爆发，说明他很早以来就很健谈了①。武田泰淳和竹内好在哥本哈根公园的交谈中提到："丸山现在怎么了？"一定是他们回想起了丸山这位令人恐惧的"话匣子学者"在他们耳边滔滔不绝地讲话的样子。

战后混沌的可能性

竹内和武田是战前东京帝国大学文学部中国哲学中国文学学科（1931年入学）的同级校友，从那以后一直保持着友谊。埴谷经常参加日本战后不久创刊的同人杂志《近代文学》（1946年1月创刊）的活动，武田也对这个杂志颇为关注，后来两人成为亲密的挚友②。在同一时期，1946年（昭和二十一年）2月，东京帝国大学东洋文化研究所新开设了一个以普通大众为对象的系列公开讲座"东洋文化讲座"。在1947年召开的讲座会场上，丸山与竹内结识，因为都住在吉祥寺，所以开始了密切的交往③。

后来，丸山回想战后日本的情景，将其称为"五花八门混沌不清但孕育着可能性的民主主义沸腾期"④。在解放的氛围

---

① 松本武四郎「「まっさん」との付き合い」、『丸山眞男集』第6巻付録・月報4号、1995年、5頁。
② 武田泰淳「忠勇なる諸氏よ」、『武田泰淳全集』第15巻、筑摩書房、1972年。埴谷雄高「武田百合子さんのこと」、『虹と睡蓮』、未来社、1995年。
③ 『丸山眞男集』第10巻、206、351頁。
④ 『丸山眞男座談』第6巻、7頁。

下，知识人超越了政治上的路线、大学时代的专业，以及学问、文学和艺术等领域的巨大差异，结成各种各样的团体，开始开展活动。赋予突然涌现出的自由以实质，"对未来充满希望的喜悦"，与战前和战时自己顺从"精神方面气候"的变化而未有抵抗的"对过去的悔恨"，这两种心情的共同存在使他们之间产生了宽阔的纽带①。丸山本人也参与创建了青年文化会议（1945年10月成立）、思想科学研究会（1946年2月成立）、未来之会（1948年2月成立）等团体，也曾参加清水几太郎等人创立的二十世纪研究所和马克思主义者占主流的民主主义科学者协会②。

庶民大学三岛教室

三岛市的市民委托比丸山晚一年毕业于东京帝国大学法学部、研究劳动法、在法学部资料整理室工作过的木部达二，建立庶民大学三岛教室。木部从三岛教室建立之前的机构运营、教师人选都与丸山商量，丸山本人从1945年年末到第二年曾三次来到这里，为"普通的劳动者和主妇"们做讲座。来参加讲座的人对知识如饥似渴，通过争先恐后的提问，"就如同吸水纸吸走了墨水一样"努力学习③。对没有接受过高等教育的平民百姓讲话并和他们讨论，对于丸山而言还是第一次。

---

① 『丸山眞男集』第10卷、254頁。
② 『丸山眞男集』第15卷、165-169頁。
③ 『丸山眞男集』第15卷、62頁。「聞き書　庶民大学三島教室」上、『丸山眞男手帖』22号（2002）。

丸山的这一活动后来被东大全共斗出身的人揶揄为脱离焦土之上蓬勃兴起的庶民力量的"战后启蒙思想"①。但是，在三岛教室做过讲座的中村哲在认为，那也不是汉语中教授愚氓的启蒙的含义，而是作为教师的一方也从民众的思想中"受到教育"的、彼此启发的场所②。

丸山曾回忆，这个时候他"已经体验并实际感受到了明治维新"，加上人们热心学习最新知识，建立并运营自身的团体，这种人们所显示的主体性大概也让丸山想起了明治维新的时代。德川统治体制崩溃后不久，大量的"具有自主性的结社"纷纷登场，后来丸山在论文《开国》（1959年）中对这一现象有过重点的描述③。像这样，无论是知识人还是庶民结成各种各样的集团，集团之间彼此交叉，是在战后两三年间突然出现的。丸山在徂徕研究的第二篇论文中设想的在国家没有成立以前存在着一种秩序即"人的团体"，建立了人和人之间可以直面交流的小规模社团（association）。在现实中这种社团以各种各样的形式被创造出来并运营着。而丸山本人也积极从事着这样的活动。

占领改革让人吃惊不已

这种"五花八门混沌不清"的自由空间是在以美国为中心

---

① 長谷川宏「戰後啓蒙思想の栄光と悲惨/思想課題としての丸山眞男―丸山眞男著『戰中と戰後の間』をめぐって―」、『日本読書新聞』1977年1月24日。
② 『丸山眞男座談』第1卷、82頁。
③ 『丸山眞男集』第8卷、81頁。

的盟军的强大占领权力之下产生的。丸山没有想到当初占领军指导下的民主化改革甚至会承认共产党的合法化。盟军最高司令官总司令部（GHQ）1945年10月4日发布了人权指令《关于撤销对政治、民事、宗教的自由之限制的备忘录》，令人吃惊不已①。也包括"关于天皇、皇室及帝国政府的自由讨论"在内，撤销对思想的限制，保障人们的宗教、集会和言论的自由。从没想过要如此自由化的东久迩稔彦内阁以不可能实现为由不久总辞职，首相由表示施行"民主主义政治"的币原喜重郎接任。

10月10日，根据人权指令被释放的德田球一、志贺义雄等16位"日本共产党出狱同志"联名发表"告人民"声明。其中将以天皇为顶点的、在此之前的"军事警察压制的"国家体制称为"天皇制"，并提出了打倒这种"天皇制""建立人民共和政府"的方针。从这以后，一直到该年年末开始实施修改选举法、农地改革、制定工会法等各种各样的改革，而围绕"天皇制"的存废问题在报纸、杂志和广播中进行了热烈的讨论。丸山在笔记中谈到，在庶民社会中，以9月末昭和天皇与盟军最高司令官道格拉斯·麦克阿瑟会见的照片见报为契机，人们"对天皇的神秘性的信仰"突然变淡了②。

民主化改革的进展远远超过预期，已经变成了庶民的意识。在21年后的一次座谈会上，丸山指出现今的言论界批判战后的知识分子"对美国军事占领过于期待了"，现在看来这

---

① 『丸山眞男座談』第3卷、299頁。
② 『丸山眞男集』第5卷、103頁。

一批判是有道理的，但是当时"巨大的被解放感也是今天所无法想象的"①。通过新的占领军，对报纸和杂志的点阅，以及尽管被敷衍为治安行政而使从战前开始不光共产主义者、许多人都吃了苦头的治安维持法和特高警察在这时都被废除、撤销了。

"八月革命"

即使是作为老师、法学部同事，丸山曾经聆听过其宪法讲义的宫泽俊义，在1946年3月接触到了基于占领军原案而起草的新宪法草案，他指出，在8月15日日本政府宣布接受《波茨坦宣言》时，将国家主权的源泉由天照大神的"神敕"改为"人民的意思"，这种"宪法上的革命"实质上已经在进行，基于占领军制定的新宪法草案来修改帝国宪法是合法的。在东京帝国大学宪法研究会委员会上与宫泽一起出席的丸山将这次转换称为"八月革命"，这个词被宫泽写进了论文而为世人所知②。丸山本人也在1947年（昭和二十二年）发表的《告年轻一代》一文中，将"8·15的历史性转换"称为"无血革命"③。虽然，作为法学、政治学上的概念并不明确，但是它能够很好地表现出人们对《波茨坦宣言》所主张的保障"基本人权"从10月以后在广泛范围内实现，社会风气发生了翻天覆地变化的感动。

---

① 『丸山眞男座談』第7卷、51頁。
② 鵜飼信成「宮沢憲法学管見」、『ジュリスト』807号（1984）、28頁。高見勝利『宮沢俊義の憲法史的研究』、有斐閣、2000年、172-177頁。
③ 『丸山眞男集』第3卷、83頁。

"被配给的'自由'"

但是，丸山对于欢迎占领军主导下改革的动向，也不是持完全接受态度的。人权指令于 10 月 4 日出台，10 月末河上彻太郎迅速在报纸上发表文章，揶揄它为"被配给的'自由'"，丸山则认为应该超越这种将自由化作为从占领军那里获得的恩惠而感激涕零的风潮①。

丸山于战后的 1945 年 11 月 1 日开始首次开坛讲授东洋政治思想史讲义。该讲义开头部分的讲稿现在还保存着。其开篇讲了如下的话，这是战后丸山真男向社会发出的第一声。

> 我们今日的"自由"是被外国硬塞给我们的。但是，被硬塞给的自由、被强制赋予的自由在本质上实际是矛盾的——contradictio in adjecto。因为所谓自由不外是日本国民以自己的精神来决定自己的事情。我们应该获得这种真正的自由，换言之，我们应该将这种被赋予的自由提升为内在的自由，必须为之抛头颅洒热血不懈努力。②

在上述 1945 年度讲义的开讲辞中丸山介绍了约翰·戈特利布·费希特在已经被拿破仑·波拿巴所指挥的法国军队占领的柏林举行的讲演《告德国国民》（1807—1808 年）。讲演中费希特严厉批评在"普鲁士封建旧体制"被高举着"自由、平

---

① 宮村治雄「戰後天皇制論の諸相―『自由』の内面化をめぐって―」、『戰後日本：占領と戰後改革』第 3 卷、岩波書店、1995 年、34、48 頁。

② 『丸山眞男講義録』第 2 卷、181 頁。

等、博爱大旗"的法国军队摧毁的状况下,在此之前一直迎合当权者的人们又谄媚作为占领者的"外国人",就像墙头草一样,反过来追究以前"当局者的战争责任"。丸山是在人们叫喊着"民主主义万万岁",同时左翼又急速抬头的战后风潮中说这些话的①。

不具有确定不移的信念,一门心思地迅速倒向新的当权者,这些讴歌自由、民主主义的人,如果过去的统治者再次获得政权,他们也许还会迅速转向。"一味地崇拜外国"这个时候就会转变为"一味地赞美自己的国家甚至排斥外国"。——福泽谕吉痛斥那些以前为德川幕府服务、现在又转而成为明治政府官僚的学者,这一点也使丸山印象深刻。关于新法律也是如此,丸山对新法律的内容本身是持支持态度的,但是他不想表现出一种轻浮的追随潮流的态度,出于这种考虑,他一直拒绝就任具有政府背景的宪法普及会的讲师和法律修改委员会委员②。

自由的精神与 nationalism

《告德国国民》作为热烈地宣传"国民"的一体性和独立性的著作,在 20 世纪 30 年代为纳粹的民族理论所引用赞美,在日本,从大正时代开始文部省也就将其推荐为国民道德的教科书。但是,南原繁从战争开始以前就一直在自己的著作里倡

---

① 『丸山眞男座談』第 3 卷、298 頁、第 5 卷、319 頁。
② 『丸山眞男座談』第 7 卷、103-104 頁。

导一种观点：不是把人种和传统的一致作为第一要义，以追求人类普遍的"自由"为目标，把"超国民性的普遍的理性"作为纽带，才是真正的 nationalism 的构成条件①。丸山受到南原这一思想的影响，也依据费希特的观点，主张树立一种 nationalism，即"唯有以国民大众的自由的自发性和自主性的精神为前提"，把国家的命运"作为国民自己责任的能动的主体性精神"。这不是通过改变"制度"，就能顺其自然而实现的，必须要改变作为制度基础的人的"精神"。丸山一生在民主主义问题上一直都强调这一观点，在这份讲义中该观点也得到了一定程度的体现。

丸山倡导"人民每个人都有作为统治者的觉悟和责任，就是民主主义的本质所在"。要超越战前政党政治中选民期待政府分配个别利益的"被统治者根性"，大家都应该抱有"政治的全体性和综合性"的认识，表达自己的意见②。丸山作为战后"民主主义"论者的形象诞生了，在占领状态下，他所要完成的一个课题就是，重新创立一个"健全"的"民主的"nationalism，其有别于战前和战争中的忠君爱国的国民道德，并去除掉了对占领政策无批判地迎合③。在《陆羯南——其人与思想》（1947年）、《明治国家的思想》（1949年）等论文中，丸山对福泽谕吉和陆羯南思想中所呈现出来的明治前半期的 nationalism 重新评价，向广大读者呼吁重新树立这样的 nationalism。

---

① 南原繁「フィヒテに於ける国民主義の理論」、『筧教授還暦祝賀論文集』、有斐閣、1934年、171-172頁。
② 『丸山眞男集』第16卷、377頁。
③ 『丸山眞男集』第5卷、121頁。

对自发性结社的期待

对于在现实中这种"民主主义"实现的路径,他指出议会政治存在局限性,他提议"在议会之外,可以考虑再设立一个与职场关系更加紧密的协商机构,同时将直接民主政治的技术引入其中"①。并介绍了美国政治中压力团体、"工会、各种职业团体为代表的妇人团体、宗教团体等各种社会团体"对议员和政府行政发挥作用的情况②。首先要尊重处于社会整体结构外圈的国民国家,而其中发挥作用的政治组织原理,丸山认为是卡尔·施密特和矢部贞治所批判的政治上的多元主义(political pluralism)。在这一点上,他没有选择批判多元主义的南原繁,而最终选择了大正时期著有《现代国家批判》(1921年)的长谷川如是闲的立场③。

日本国宪法第九条

丸山看到日本国宪法第九条后,给予了高度评价,他的理解是,放弃军备的规定,日本将成为不拥有军事国防力量的国家,由此出现了一种全新的国家概念④。只有有了这条规定,即使政府拥有了自卫队,也有义务逐渐缩减防卫力量,不断

---

① 「"社会不安"の解剖」(1949)、『丸山眞男集』第 16 卷、5 頁。
② 『丸山眞男集』第 16 卷、5 頁。
③ 丸山眞男『自由について』、74-75 頁。
④ 『丸山眞男座談』第 4 卷、200 頁。『丸山眞男集』第 15 卷、326 頁。

"为实现国际性全面军缩而积极努力"①。但是，如果废除军备后，一旦遭到他国的攻击，又该如何应对呢？对于这样的疑问，丸山揶揄式地回答道："你准备允许普通民众的自我武装（民兵）了吗？"丸山这样说，是针对国家有必要拥有武装之观点的反驳。笔者认为丸山本人大概并不赞同由个人来进行武装抵抗②。除了在原则上否定美军驻留日本和日本的自主武装外，丸山并没有论及日本的防卫政策。

归根结底，这种对第九条的评价，大概来源于他把政治秩序的关键已经从主权国家转移到了在国家框架下活动的各种各样自发建立的结社。丸山指出，在已经接受了核武器出现的现代，超国家的"诸国军备的系列化和体系化"正在发展的同时，还出现了由非正规军开展的"游击战"，形成了战争的"两极分化"③。关于世界秩序，丸山主张有必要超越以主权国家为构成单位的现状，寻找替代方案④。关于未来的国际社会，20世纪90年代初丸山就已经预测，一方面有联合国和欧盟，另一方面 NGO、教会、企业等团体也与国家一样成为国际政治的主体，世界秩序将呈现出"多元化"⑤。

对社会主义的共鸣

作为人们自发地建立并对政治形成影响的集团，在战后初

---

① 『丸山眞男集』第 9 卷、263 頁。
② 『丸山眞男集』第 8 卷、281 頁、第 9 卷、278 頁。
③ 『丸山眞男集』第 14 卷、326 頁。
④ 『丸山眞男集』第 9 卷、276-277 頁。
⑤ 「秋陽会記」、『丸山眞男手帖』7 号（1998 年）、59-60 頁。

期丸山期待的是"工人农民"的结社，特别是工会①。人只有与他人结成集团，通过各种各样的关系来运营集团，才能培育出真正独立的人格②。丸山虽然与作为思想的马克思主义和社会党、共产党的活动划清了界限，但他对作为自发结社支撑基础的社会主义抱有期待，并进一步将其扩展为近代"作为"的逻辑，支持对经济导入"计划性"控制③。总之，政治、经济、社会所有一切"现在相比考虑'健全性'"更有必要采取更左一些的政策④。战后的完善评论现实政治的基本态度由此确立。

第二节 与"天皇制"的诀别

"重臣自由主义"的天皇观

归根结底，如果提出重新创造 nationalism，那社会上正在讨论的"天皇制"的废立问题该如何处理呢？丸山上中学四年级时正值 1929 年（昭和四年），围绕炸死张作霖的问题，昭和天皇问责田中义一首相，内阁被迫总辞职。这个过程国民当然是一无所知的。丸山从赞成"重臣自由主义"的父亲那里听

---

① 『丸山眞男集』第 3 卷、161 頁、第 5 卷、190 頁。
② 『丸山眞男座談』第 1 卷、236 頁。
③ 『丸山眞男座談』第 1 卷、30 頁。
④ 『丸山眞男集』第 5 卷、121 頁。

说此事，当时干治很有共鸣地评论道："天子英明啊"①。从那以后丸山还了解到天皇本人支持天皇机关说，相比军部和官僚，丸山把昭和天皇和皇室作为自由主义的存在而抱有亲近的感觉。这一点，丸山与南原繁、高木八尺、田中耕太郎、冈义武等他尊敬的老师们持有相同的立场。冈义武在日本战后提出过"天皇制"废止论，丸山曾听他说过："君主，是非常重要的。一旦日本没有了天皇制，会引起社会上的反动的。"而同样的观点也出现在丸山的手记中②。

然而，即使在三岛庶民大学，丸山也注意到了"此前的价值体系一举崩溃，皇国、神州不灭等在此之前一直讲授的教育内容已经完全行不通"的景象③。大概丸山曾亲耳听到过普通庶民嘴里喊着对天皇的憎恨。而在对战犯的审判开始后，丸山在1946年1月的报纸上看到因虐待俘虏罪名而被起诉的二等兵苍白无力的辩解词，从中发现了人们很难根除身上的"对权威的依赖性"④。这种依赖性心理在对"重臣自由主义"论者、皇室抱有亲近感的他自己内心中难道会一点没有吗？

就在丸山对"天皇制"没有最终想出结论时，1945年12月，法学部部长南原繁被选为东京帝国大学校长，取代因追究战争期间的责任而辞任校长的建筑家内田祥三，展现出了适应

---

① 『丸山眞男集』第15卷、19頁。
② 『丸山眞男座談』第9卷、270頁。丸山眞男『自己内対話』、8-9頁。
③ 『丸山眞男集』第15卷、62頁。
④ 『丸山眞男集』第3卷、27頁。田頭慎一郎「「青ざめ」たのは何者か？—「超国家主義の論理と心理」の一文をめぐって—」、「丸山眞男手帖」35号（2005）、61-64頁。

新时代的大学风貌。

就任校长之后，南原想以在大讲堂举行的就任讲演为契机，面向社会发表东京大学的新的办校方针，为因以前的价值观土崩瓦解而迷失了方向的学生提供指针。1946年2月11日，南原找到了战后第一个纪元节①这个机会。以往东京帝国大学从创立以来包括战争期间都未曾在这一天举行过盛大的典礼。并且，在被盟军占领时期，这样做也有被看成是复活军国主义的危险。然而，南原繁义无反顾地决定在学校正门光明正大地竖起日之丸旗，他对着络绎不绝地走进讲堂的学生发表了题为《创造新日本文化》的讲演②。根据《大学新闻》上的报道（2月21日）记载，在典礼结束后，学校向学生们发放了大学农场收获的农产品，学校里洋溢着"祥和的庆祝"气氛。让人想起那时候粮食供应是多么的困难。

校长在纪元节庆典上的讲演

在纪元节庆典上，最开始全员齐唱两遍《君之代》后，恭读天皇在1月1日发表的否定天皇神格的诏书，即所谓"人间宣言"，而后是南原校长的讲演。在简短的开场白之后，南原首先指出："原本我们的祖先从我们这个民族久远的过去开始，就尊皇室为国祖，相信它会永生，直到今日我们都接受着这种

---

① 西历公元前660年2月11日，原是纪念初代天皇神武天皇即位的国家法定节日，1948年被占领军废止。从1967年开始这一天被改为"建国纪念日"，再次成为日本国家法定节日。

② 丸山眞男・福田歓一编『聞き書 南原繁回顧録』、21-27、308-313頁。

教育。"昭和的"军国主义者和国家至上主义者的统治"滥用、曲解了这个传统，欺骗国民，使国家陷入危局。现在我们必须从丧失自信中重新站起来，重新认识蕴含于日本神话中的"具有世界观意义的内容"。——南原主张，每个人都成为"真正自由的人"，为了"人类变得更好"而努力，这与实现"国民"的真正的共通性密不可分。天皇本人在新年伊始的诏书中指出，"国民"要拓宽、充实爱国心，以追求"完成对人类的爱"为目标，以"追求和平的文明"为理想。用南原的话来讲，这一诏书宣告了日本"民族的复活与新生"，具有划时代的意义①。

这一时期南原也进一步巩固了如下想法：天皇既然是国民共同体的"理想的表征"，就需要退位并让位于皇太子，以承担造成战败、给国民带来严重灾难的"道德上的责任"。在当年 4 月庆祝天长节（天皇诞辰日）的典礼上，首次道出了他的这一看法，但对他周围的人而言或许这已不是什么秘密。有关纪元节庆典的报道恐怕使丸山在头脑中联想到的是皇纪 2 600 年时天皇行幸时的风景。尽管目的不同，但曾经在运动场上带头面向天皇三呼万岁的平贺校长与悬挂日之丸旗、尊奉诏书的南原大概都怀有同样的心理。

对南原繁的批判

在 23 年后的"战后日本的精神革命"对谈中，对于主张

---

① 南原繁「新日本文化の創造」、『南原繁著作集』第 7 卷、岩波書店、1973 年、21-27 頁。

日本民族神话的"意义"的南原繁，丸山给予了激烈的批判，"赋予神话以普遍的意义是非常困难的"，日本神话中的"神"是"皇室的祖先神，不论怎么追溯，祖先神终究只是特殊者，不能形成超越特殊者的作为普遍者的观念"①。

在纪元节之前的 12 月或 1 月，岩波书店发行的杂志《世界》（1946 年 1 月创刊）邀请丸山围绕近代日本 nationalism 中的问题性写一篇论文②。担任杂志顾问的田中耕太郎推荐丸山，该杂志的编辑塙作乐也是丸山中学时代的朋友。在反复构思这篇文章时，大概看到了南原繁针对战后社会所表明的态度，丸山受到了极大震动。

与"天皇制"的对决

南原是丸山直到后来依然敬佩不已的学者。他身上所体现的对皇室的敬爱之情，明治时代的人与大正时代的人有程度上的不同，大家在此之前一直都抱有这种感情。但是，在战争时期在军队中有过体验，并且又在战犯审判的材料中看到"对权威的依赖性"，在作为自由主义者的知识分子中间大概也是根深蒂固地存在的。置之不理，就能够确立个人的"自主性的精神"吗？——这个问题一直萦绕在丸山的脑海里。他"三四天"③ 一气呵成写出了一篇论文。后来，在围绕昭和天皇驾崩

---

① 『丸山眞男座談』第 5 卷、28-29 頁。
② 『丸山眞男集』第 15 卷、267 頁。『丸山眞男座談』第 2 卷、213 頁。塙作樂『岩波物語』、塙作樂著刊行会、1990 年、35-37 頁。
③ 『丸山眞男集』第 15 卷、268 頁。

的一次回忆中，丸山生动地描绘出了自己写作时的心情。

　　日本战败投降后，经过半年的痛苦思索，我终于想清楚了一个结论，即天皇制对于日本人自由人格的形成——依从自己的良心来判断和行动，自己对这个结果承担责任，这种人所采取的行为模式是与依存于"娇宠"的人完全不同的，形成了一种新的人的类型——造成了致命性的阻碍。我数次劝自己，这篇论文是写在稿纸上的，"是一篇学术论文，因此涉及天皇、皇室的文字没有必要使用敬语"。后来在人们看来，理所当然地表露着我的"思想"的这篇论文的每一行文字，于我而言，甚至直到成稿的最后一天我都在拼命地说服自己。①

丸山关于天皇制最终形成的立场是，"我确信如果不打倒它，日本人道德上的自立是绝对不能实现的"②。但是，很关键的不是在国家机构中是否设置世袭君主的问题，即便保留皇室制度，也能有解决问题的办法，即培育"真正的自主独立的精神"，使人们成长为无论何种制度，"都要把自己的国家建成杰出国家的意志坚定的国民"③。因此，丸山直至去世从未主张修改日本国宪法第一条，同时也拒绝接受政府对他的授勋④。据鹤见俊辅所说，丸山也没有接受文化功劳者勋⑤。后

---

① 「昭和天皇をめぐるきれぎれの回想」、『丸山眞男集』第15卷、35頁。
② 『丸山眞男座談』第2卷、254頁。
③ 『丸山眞男座談』第3卷、297頁。
④ 『丸山眞男書簡集』第4卷、39頁。
⑤ 鶴見俊輔編『「思想の科学」五十年—源流から未来へ』、思想の科学社、2005年、124頁。

来，在论文集《日本的思想》德文版（1988年）中对"天皇制"一词使用了日语式的表述"Tennô-System"。丸山认为"天皇制"不是一般的君主制或皇帝制，其归根结底是日本固有的"精神结构"问题。

丸山在论文《超国家主义的逻辑和心理》中表明了这个立场，该文成为《世界》1946年第5期上的首篇文章，在文章末尾写着"1946年3月22日"付梓。在他32岁生日这一天，发表了与"天皇制"诀别的宣言。在1945年11月讲义的草稿中尚采用的是年号纪年，日期是"昭和二十年"，而从此以后自然改成公元纪年了。

《超国家主义的逻辑和心理》

《超国家主义的逻辑和心理》这篇论文是尝试阐明昭和时代在军部、政府和国民中所充斥的暴力性nationalism的"思想结构乃至心理基础"。明治时代教育敕语发布后，国家在日本近代已成为"作为伦理实体的价值内容的垄断性的决定者"，暴力性nationalism扎根于此[1]。与国家相对真理、道德保持中立的欧洲近代国家不同，在日本，一方面国家无限地介入人们内部，另一方面"私人利益"也很容易影响国家权力。这与丸山在助教论文中描绘的公私两个领域截然分开的近代国家的原则相去甚远。不仅如此，对"权威的依赖性"，追随顺从比自己地位高的人，渗透到了一个一个国民，军人、官僚、政治

---

[1] 『丸山眞男集』第3卷、21頁。

家，甚至靠"皇祖皇宗的遗训"来统治国家的天皇。

无责任的体系

按照丸山的理解，严密而言，这种精神结构不是从明治时代开始的。它是"近代日本从封建社会继承下来的最大的'遗产'"，福泽谕吉曾指出，从日本"开辟之初"已扎根于社会之中的"权力偏重"①。丸山在3年后的论文《军国统治者的精神形态》中，进一步使用远东国际军事法庭（东京审判）的庭审速记稿，详细地刻画了军人和官僚们的心理所体现出的"无责任的体系"②。其中也出现了对近卫文麿和木户幸一等"'重臣'及其他上层'自由主义者'"的批判③。战前他们担心政治批判的矛头指向天皇和自身，而把自己支持"天皇绝对主义的一面"隐藏起来，表面装作"自由主义"者的样子。但是，相比"保障自由和人权的原则"，他们认为维持"国体"和内政稳定更为重要，所以没有对军部强硬派的观点做出抵抗，使国家最终走上了战争之路④。

从这以后，丸山不断地批判"重臣自由主义"，他指出，"归根结底不与重臣自由主义一刀两断，就不会产生真正的自由主义"⑤。在《战争责任论的盲点》（1956年）中，丸山认为

---

① 『丸山眞男集』第3卷、33頁。
②③ 『丸山眞男集』第4卷、140頁。
④ 『丸山眞男集』第6卷、266頁、第15卷、15-29頁。
⑤ 藤田省三『藤田省三著作集10 異端論断章』、みすず書房、1997年、96-97頁。

即使是昭和天皇本人对于战争不仅负有南原所说的"道德上的责任",还负有明确的"政治上的责任",因此最终应该退位。这种对于重臣和天皇的批判就如同鞭子打在过去的自己身上一样。对于支撑着上至天皇的日本社会的病理,丸山在论文《超国家主义的逻辑和心理》中呼吁,通过"从每个人人性的深处"唤起的良心来约束自己的行动,每个人确立这样"纯粹的内在的伦理"后,就能培育出"自由的主体意识"①。也就是说,丸山是从伦理的角度对"天皇制"进行批判的。

对伦理性的向往

通过这篇《超国家主义的逻辑和心理》,丸山在言论界和文坛尽人皆知。但是,丸山的名字不再限于综合杂志的读者群,变得家喻户晓是因为论文集《现代政治的思想与行动》上下册(1956—1957年)的刊行以及1960年安保反对运动。据丸山回忆,《朝日新闻》的优秀杂志作品评选对《超国家主义的逻辑和心理》一文如此赞美,"我本人都没有想到会获得如此广泛的反响"②。第二年,以一高学生为对象的问卷调查显示,在"想聆听谁的讲话"一栏,丸山名列前茅,与小林秀雄并驾齐驱③。

但是,知名度提高并不一定意味着他本人的观点为大家所

---

① 『丸山眞男集』第 3 卷、25、32 頁。
② 『丸山眞男集』第 6 卷、247 頁。竹内洋『丸山眞男の時代』、167 頁。
③ 松山幸雄「有効だった『丸山助言』」、『丸山眞男集』第 10 卷付録・月報 10 号(1996)、3 頁。

接受。一年后，津田左右吉同样在《世界》1947 年第 10 期上刊载论文《对于明治维新史的解释》，对《超国家主义的逻辑和心理》进行了激烈的批判。津田左右吉认为，天皇的权威的来源在于他是作为宗教性存在的"神"，国家是"道德性价值的决定者"这种思想是近年"所谓超国家主义者军国主义者"捏造出来的，在明治的教育敕语中，甚至从古代流传下来的传统中都不存在这样的思想。将不过是偶然现象的昭和的"超国家主义"的特色追溯到明治时期，是不恰当的[1]。并且最近几年，还有人指出"军国统治者的精神形态"歪曲使用了东京审判的速记记录[2]。

近代史专家坂野润治表示了不同意见，他指出，丸山的讨论具有过高的"囊括性和体系性"，"包括了从明治到 1945 年战败，上自权力顶点下到权力最末端的'超国家主义'就如同空气一样，阻碍并丧失了分析的欲望"[3]。只要把这些论文作为历史记述来分析，上述的种种批判也绝非毫无道理。

但是，丸山对"超国家主义"抑或"日本法西斯主义"精神结构的分析，揭示了为实现"伦理的内在化"[4]，培养"主体意识"，日本人该与什么样的内在敌人做斗争。从这个问题意识出发，切入到历史中，描述其是如何呈现出来的。显示出

---

[1] 津田左右吉「明治維新史の取扱ひについて」、『世界』22 号（1947）。『丸山眞男集』第 6 卷、249 頁。
[2] 牛村圭『「文明の裁き」をこえて—対日戦犯裁判読解の試み』、中央公論新社、2001 年、26-33、45-60 頁。
[3] 坂野潤治「長尾龍一『日本国家思想史研究』；『国体論』を三原理に分けて示唆に富む」、「中央公論」97 卷 12 号（1982）。
[4] 『丸山眞男集』第 3 卷、25 頁。

强烈的以伦理性为目标的，尤以《日本自由意识的形成与特征》(1947年)、《从肉体文学到肉体政治》(1949年)等战后不久所写的文章为最。为了"完成民主主义革命"，不单要实现"大众感觉上的解放"，更为重要的是"使大众如何收获一种新的规范意识"①。

超越欲望的解放

这大概是从国家形成以前，存在人与人的"团体"道德秩序的观点导出的必然结果。然而，在论文《自由民权运动史》(1948年)中，丸山对此前一直给予很高评价的明治时期的自由民权运动进行了严厉批判，认为该运动只停留在基于"快乐主义"的"感性自由"的立场上②。日本战后不久形成的具有解放气氛的社会环境中，在黑市中兴起的赤裸裸的欲望对丸山而言是与"天皇制"同等重要的一个敌人。

不仅如此，正在呈蔓延之势的"无气节的娼妓根性和赤裸裸的对利己主义的追求"③ 就如同自由民权运动转向"国权扩张论"一样，欲望的扩散和国家的膨胀重叠在一起，大概为战前和战时的排外性 nationalism 情绪提供了复活的温床。曾经的右翼活动家和复员军人作为"江湖商人"、黑市商人和土木建筑业者，在战后废墟中发挥着很大影响力。丸山看出了其中

---

① 『丸山眞男集』第3卷、161頁。
② 『丸山眞男集』第3卷、245-246頁。
③ 『丸山眞男集』第5卷、67頁。

存在的危险①。

因此，以《超国家主义的逻辑和心理》为代表的丸山对日本社会的批判经常遭到批判，认为其俨然以一副西洋人的态度，来挑东洋落后岛国的毛病进行说教，这也不是没有道理的。"武士道精神"作为道德标准在初期的自由民权运动中也曾发挥过作用，这一点在《自由民权运动史》中也有过正面评价，只是没有突出强调②。其对"天皇制"的批判是自我内心激烈斗争后的产物，同时也是对自身的深刻批判。他在年号改为平成以后写的《有关昭和天皇的断断续续的回忆》（1989年）一文中公开了上述情况。丸山热衷于宣传重新树立 nationalism，发表了高度评价福泽谕吉和陆羯南的文章，后来他在座谈会上的发言和《现代政治的思想与行动》一书的补记中也都有强调，但是并没有引起广泛的关注③。

丸山对于日本人中经常可以看到的"动不动就'推心置腹'，'肝胆相照'式的告白趣味"④，终生一直持否定态度。丸山提议应该从凭着情绪上的共鸣而对他人的主义主张无批判地赞同并采取一致行动的一体化中剥离出精神，使之也成为适合自己的自我规律，这是他批判日本社会的出发点所在，这一点丸山没有让读者看明白，被读者误解为俨然以一副西洋人的态度，来审视日本人，或许是他自己造成的悲剧。

---

① 『丸山眞男集』第 5 卷、102、106 頁。
② 『丸山眞男集』第 3 卷、245 頁。
③ 『丸山眞男座談』第 3 卷、298 頁。『丸山眞男集』第 6 卷、248 頁。
④ 『丸山眞男集』第 9 卷、172 頁。

弟弟的视角

别说是读者，就是他自己的家人也没有理解，也批评他。下面这个文章就是比他小 6 岁的弟弟，战后做过杂志的记者、后来作为日本自由撰稿人创始人而活跃的丸山邦男（1920—1994 年）于 1968 年（昭和四十三年）大学纷争时所发表的著作中的一节：

> 在那个时代，在天皇制军队中没有打过敌人的兵士应该称为超人一样的英雄。这样的人或许是存在的，但是即使存在也无论如何不可能存活下去，这一点是毋庸置疑的。一边在旁边斜眼看着这种英雄似的存在，一边又一动不动地拜倒在他面前的就是战后创作反战文学、反战电影，分析日本军国主义者的精神形态等来博取喝彩的人。①

在军队当中，"一动不动地拜倒"，丸山真男自己也是有痛切体会的，他从中发现了"二重人格"问题，持续地进行着反省。其中也有些讥讽的味道，内在的冲突作为弟弟的丸山邦男都没有听过，或者说表现出好像不知道的样子。

丸山邦男是丸山四兄弟中最小的孩子。这些孩子中就丸山邦男不喜欢学习，没有考上帝国大学。父母也拿他没有办法，

---

① 安田武・丸山邦男『学生―きみ達はどうするか』、日本文芸社、1968 年、141 頁。

他在巢鸭商业学校、庆应义塾高等部毕业后进入公司工作，之后进入早稻田大学法国文学科，但因为受到母亲去世和战争结束的打击而中途退学。而后离家出走，在一片焦土中过着饥一顿饱一顿的生活，后来成为一名记者。据说他婚后居住在千住柳町，接触到了在"书香门第"中一无所知的"商业手工业者居住区的百态"后，人生观发生了剧变。在大学纷争时期，他支持新左翼和全共斗，批判东大教授令人作呕的"精英意识"和"象牙塔意识"，但没有批判过对亚洲经济统治的"战后民主主义"的欺瞒性①。

丸山邦男在庆应义塾高等部的时候，很喜爱读保田与重郎的作品，憧憬死在战场上，他随军出征后，很"不幸"刚被编入部队不久就因发烧而改做劳务，由此活了下来。同样都是年轻人，为什么朋友死了，而自己却存活下来。战后他一直都在自问命运是不合理的，对于他而言，即使将精神结构纲举目张地分析给他看，他也会很生气。——对丸山真男怀有同样批评意见的论者，其后还有很多，但是大家却忘记了丸山弟弟的批判，这到底是为什么呢？

---

① 丸山邦男『遊擊的マスコミ論―オピニオン・ジャーナリズムの構造』、創樹社、1976年、69-76、219-222、227-228頁。『コラムの世界―フリーライターの戦後誌』、日本ジャーナリスト専門学院出版部、1981年、222-223頁。

第五章 人·政治·传统

与米歇尔·福柯（在新宿王子酒店，1978年4月27日）

第一节　虚无主义的阴影

丸山热与虚无主义

在日本战后，各种各样的思想都得到了解禁，马克思主义和实在主义也一下子涌现出来。丸山真男的论文《超国家主义的逻辑和心理》就是在这种背景下引起了青年知识分子的关注。《超国家主义的逻辑和心理》在《世界》杂志上发表后的第二年，即1947年春天，在一份一高学生问卷调查中，丸山与小林秀雄并列首位，是学生们"最想聆听讲话的人"。

也是在这一年，这位人气学者来到一高做讲座。哲学家天野贞祐继作为币原喜重郎内阁文部大臣入阁的安倍能成担任校长，为了给学生普及社会科学入门知识，他邀请丸山真男与木村健康（经济思想史）、冈义武、尾高朝雄（法哲学）等四人来做特别讲演。这时候一高校区已经于1935年（昭和十年）搬至驹场，丸山是从本乡过来讲演的。他介绍了马克斯·韦伯的统治正当性理论，而后进一步分析"天皇制"。当时会场设在伦理讲堂（现在东大教养学部第900号教室），作为丸山"崇拜者"的学生们如潮水般涌进来，在讲演结束后又在主楼的钟塔前面，围着丸山拍纪念照①。

---

①　坂本義和「醒めた規範的リアリズム」、『丸山眞男集』第5卷付録・月報3号（1995）、1頁。松山幸雄『有効だった「丸山助言」』、4頁。这个讲义的原稿题为《旧制第一高等学校政治学讲义草稿（法制经济）》，发表于东京女子大学《丸山眞男纪念比较思想研究中心报告》第6号，2011年。

然而，在一高担任教授的德国文学专家冰上英广则以冷静的态度看待学生中的"丸山热"。当时的学生、后来接受过丸山在政治思想史研究方面辅导的小川晃一（1946年入学）在回忆冰上时曾说过："丸山先生是持历史主义立场的人，他将一切都相对化了。如此一来，大概最终会走向虚无主义。"①——冰上是南原繁的女婿，因为这层关系对丸山的秉性和研究有了解，他的观点似乎确有道理。这句话直接点出了丸山在荻生徂徕研究论文中运用了马克思主义和知识社会学的分析方法，但其大概也看到了在丸山各种发言中或隐或现的与虚无主义相关联的要素。

弗里德里希·威廉·尼采高呼"上帝已死"。对于这种从19世纪后半叶开始出现的西欧文化中的"虚无主义"，冰上在战后不久出版的著作《尼采——命运与意志》（1949年）中是这样解说的：

> 通常在一切文化的各种价值的根底处，伦理性、宗教性的价值无论是表面还是潜在地都发挥着决定性作用。随着因上帝死了而出现的虚无主义苗头，在各种各样的文化及其发展动向中都已经清晰地表现出来，此前一直以神为中心的巨大意志获得了解放，在矛盾与分裂的表象下开始主张自我。这个时候至关重要的一点是，并非意志本身衰弱了，而是引导它的目标消失不见了，这是决定性的。人的意志即使在上帝死了的情况下，宗教性的力量还是被孕

---

① 小川晃一ほか「座談会・小川晃一教授を囲んで」、『北大法学論集』40卷5・6号、5-6頁。

育着的，并且也没有规定着人们意志之走向的东西。这就是尼采眼里的近代虚无主义的动态性的方面。①

这是一个中世的神、近代的人性这种贯穿于各个领域的核心价值土崩瓦解、充斥着怀疑的时代，人们陷入于多种价值观的矛盾与冲突之中。失去了心之所系的人的内心会变得摇摆不定，会激发支配人们的行为。这就是尼采所看到的现代。冰上大概从战后日本的年轻人身上也看到了同样的精神动向。

"现代"之子

当然，丸山大学时代到助教时代的各种经历，把在西欧"18世纪启蒙精神"② 方面很快开花结果的"近代"思想作为自己思想的"机轴"。但是，在《超国家主义的逻辑和心理》等著述中，丸山极力倡导"伦理内在化"时，到底是以什么为根据来确定这些伦理的，什么心理又是它的支持基础，从文章中是看不出来的。后来在一次座谈会上，就如笔者在第二章中指出的，丸山在提及奥托·韦尔斯在德国议会上的演说时指出，"如果个人不依归于某种超越历史的东西，能够抵抗'四周'的压力而坚持自己的信念吗？"他主张人们应信仰"自由、和平与正义理念"的态度③。

然而，丸山在绿会征文中已经指出，作为历史的现实，近

---

① 氷上英廣『ニイチェ―運命と意志』、新潮社、1949 年、185-186 頁。
② 『丸山眞男集』第 12 卷、48 頁。
③ 『丸山眞男座談』第 7 卷、257 頁。

代价值观从 19 世纪后半期作为"市民阶层的意识形态"开始相对化，已失去了说服力。被苏联驱逐的哲学家谢尔盖·尼古拉耶维奇·布尔加科夫的《陀思妥耶夫斯基的世界观》（1921年，香岛次郎翻译的日译本出版于 1941 年）也是丸山在战争时期喜欢读的书籍之一①。布尔加科夫主张："陀思妥耶夫斯基和尼采之后，向陈旧合理的人道主义复归已经没有可能。人道主义已经过时了"。丸山已经意识到历史上的近代已经过去，但又对现代深深具有虚无主义而苦恼，他自己也无疑是出生于这个时代的人。

在第二章中也谈到，丸山从昭和时代社会上充斥的"超国家主义"风潮和战时体制中的"无责任体系"中，不仅看到了日本存在落后于"近代"的"封建社会"的精神和日本的心性等特点，而且还进一步看到另外一点，即如《政治权力的诸问题》（1957 年）中所言，这些特点是"发达国家中共存的大众社会与特殊的日本权力结构结合在一起产生出来的"②。在 1947 年（昭和二十二年）与木村健康的对谈中丸山就已指出，现在的日本面临"两重课题"，在确立"近代精神"的同时，还要寻找超越近代的"现代精神"。而在两年后，与田中耕太郎和猪木正道的鼎谈中又进一步指出，"现代"区别于"近代"的特点是国家活动的扩大和"大众"组织的勃兴③。

---

① 『丸山眞男座談』第 8 卷、144 頁。
② 『丸山眞男集』第 6 卷、359 頁。
③ 『丸山眞男座談』第 1 卷、10、227 頁。

"人与政治"

总之，眼下的日本社会是存在相互矛盾的两个方面的扭曲了的社会，在农村中根深蒂固地存在着从前近代沿袭下来的旧习惯，而与此同时在城市里"现代"化却急速地发展。在这里所使用的"现代"就如他在绿会获奖征文中指出的，具有"政治化"的动向和"大众社会"出现两个特点——"大众社会"这个用语是受《思想》杂志 1956 年第 11 期特辑"大众社会"的影响而使用的。战后在《人与政治》（1948 年）一文中，丸山第一次对"现代"做了描述：

> 政治中所预想的人的形象从来都不是很美好的。卡尔·施密特甚至指出："真正的政治理论必然采用性恶说"。对政治性事物正式地加以讨论的思想家确定无疑是所谓性恶论者。即使在东方，相对于将政治（治国平天下）归属于个人道德（修身）的采用性善说的儒家，法家和强调政治固有意义的荀子和韩非子流派的人则或多或少都是性恶论者。众所周知，在欧洲马基雅维利和霍布斯等近代政治学的建设者全都是彻彻底底的悲观人性论者。①

也并不是说人性必然是邪恶的。如果人注定是恶的话，"将对人的统治加以组织化"的政治归根到底就没有必要了。恰恰相反，人"既能变好，也能变坏。根据情况的不同，既可

---

① 『丸山眞男集』第 3 卷、210 頁。

能变成天使，也可能变成恶魔，由此作为技术的政治就获得了产生的基础"。

与南原繁鲜明的对照

《人与政治》与南原繁在1939年（昭和十四年）发表的文章题目相同。施密特失势后，成为纳粹主义公法权威的奥托·克尔罗伊特作为日德交换教授来到日本，在东京帝国大学法学部做过一次讲演。南原的文章就是有意批判克尔罗伊特而撰写的，该文当时刊载在《帝国大学新闻》上，该报即使在校外也被广为阅读①。在文中，南原主张人通过参加古希腊城邦为代表的"国家共同体"，才能实现人的本质，当然要实现这一点首先必须确立"自由的主观"，使个人能够驱动"理性"探求真理。为了对抗现代处于支配地位的"极权主义"和政治化风潮，他在学问和信仰方面拥护近代的"主观的自由"②。

但是，这种"主观的自由"和理性的发挥在政治化和大众社会化发达的现代大概已不可能。丸山的《人与政治》就抱有这种问题意识。作为"人的组织化的行为"的政治不仅靠理性，还要驱动情绪和欲望，"要调动人性的所有领域来加以应对"。宗教也好，学问也罢，都是作为这种动员的手段在发挥作用，特别是在大众传媒发达的现代，通过各种宣传，"政治意识形态"已经深入人心，"政治已经嵌入包括内在精神领域

---

① 『丸山眞男集』第10卷、186頁。
② 「人間と政治」、『南原繁著作集』第3卷、岩波書店、1973年。

在内的所有方面"。近代国家公私领域截然分开的原则已经失效，就连约翰·洛克所谓的自由主义在二战后的冷战状况下，也被当成了对抗共产主义势力的国家意识形态上的斗争工具①。

在丸山看来，20世纪的世界"即使是在典型的民主国家，大众也因巨大的宣传和报道组织的泛滥而在无意识中受到特定思考方式的制约"②。在这一点上，标榜自由、民主的国家和法西斯主义国家以及像斯大林体制那样的"极权主义"国家也只是具有程度上的差异而已。

政治上的无关心

人们置身于信息网络中，在不知不觉中会带有某种思想的印记，这不完全是政府巧妙宣传的结果。后来丸山通过在《政治学事典》（平凡社，1954年）中撰写的词条"政治上的无关心"指出，大众传媒、电影、戏剧、运动等大众娱乐也会将人的关心引向非政治性的方面，结果发挥了"政治化"的作用。其中，相比政治家的资质和业绩，人们更关心政治家日常生活中的言行，而头条讯息却将这些言行中的只言片语与娱乐信息混合起来加以消费③。

用现在的说法来说就是，生活于信息空间中，人们丧失了

---

① 『丸山眞男集』第3卷、218頁。
② 『丸山眞男集』第3卷、220頁。
③ 『丸山眞男集』第6卷、117頁。

"自主判断"能力,即使自认为是自己思考的结果,实际上也仅仅是描绘了印刻有媒体印记的思考而已。——这种大众社会论,是从沃尔特·李普曼的《舆论》(1922年)和查尔斯·爱德华·梅里亚姆的《政治权力》(1934年)等美国政治学古典中学到并建构而成的,后又经其他学者进一步发展成为管理社会论和网络社会论。

"谜"一样的人与"政治"

下面谈的不是南原曾经在《人与政治》中揭示的以古希腊城邦为模型以及丸山在描述"近代"政治原理时所思考的"人的团体"道德秩序,也不是作为理性"主体"的个体成员相互结合建立共同秩序的世界,丸山聚焦的是,在为情绪和欲望驱使的"谜"一样的人类群体,"政治权力"如何发挥精良强大的作用,使之组织化以形成稳定的状态。

南原将政治区别于个人对真善美的追求以及对神圣的信仰,认为它是个人之间建构的一种共同性,以实现"正义"价值的集团式运营。丸山在《政治的世界》(1952年)一书中则指出,政治并不存在固有的、明确不移的目的和空间。政治"潜藏于一切文化领域"[①],例如,尽管是关于学问和宗教的论争,若其中的对立未来会发展成与要将它作为敌人加以推翻的斗争,以物理性暴力作为最终手段,由权力来解决纷争的话,其中就会产生政治。

---

① 『丸山眞男集』第5卷、137頁。

无处不在的权力

将敌人和朋友区别开，不断努力团结朋友，消灭敌人，是"政治性事物"的准则。这是卡尔·施密特在《政治性事物的概念》中提出的观点①。"真正的政治理论必然采用性恶说"的命题也来自这本著作。然而，与施密特将能够指定谁是敌人的主体限定为主权国家不同，丸山认为超越国家的"国际组织"，甚至国家内部的"政党、工会、教会等"也会产生细微的权力来维持其内部统治，广义的"政治"无处不在②。人的所有行为在任何时候都很容易转化为与"敌人"的尖锐对立。在这种时时变化的状况中，针对当时的纷争，发挥"权力"来形成在一定范围内的统合，就是政治。

在这样的时代，政府的施政要想影响到人们的生活和思想等所有领域，那么国家的权力将会空前增大，其顶点就是被丸山视为法西斯主义体制特色来加以强调的"强制性同质化"，国家破坏一切中间团体，直接对四处散落的个人进行统治。

国家的变质

相反，上有"国际机构的政治"性渗透，下有来自社会上各种有利害关系的无形的"舆论力量"影响政府的意志决定，

---

① 『丸山眞男集』第5卷、136頁。
② 『丸山眞男集』第5卷、145頁。

结果"究竟谁是权力的承担者，谁最终决定政治的走向变得模糊不清"。这是丸山后来在"政治学研究概览"对谈（1960年）中说过的一段话①。产生出朋友、敌人的各种各样的关系，在大众社会里复杂地缠绕在一起，并超越了国境向外扩散。没有人能完全看清它们的全部，从而迫使人们随时应对不知在何时何处将发生的纷争。政府权力变得从未有过的强大，同时国家也变成了中心意志模糊不清、空虚的行使权力的制度体。如果将近代国家的死去替换成文化领域中的上帝的死去，那么丸山所谓的"现代"就与冰上介绍的虚无主义相重合了。

在《政治的世界》和《现代政治的思想与行动》上下册（1956—1957年）中收录的论文对上述政治观已经做了论述。20世纪70年代末以来，这种有关政治权力中心的看法遭到了神岛二郎、藤原保信等政治学者的批判②。就丸山自身而言，他依据个人"内在性的立场"，要对抗政治化保护个人的自主性，就必须"把自己也变成政治性组织的一部分"，学会像权力者那样现实主义地思考。这一点丸山在《人与政治》中主张，着眼于权力作用与以树立普通大众作为"主体"的自发的"近代"秩序观并不矛盾③。然而，被裹挟于这种不稳定的社会变化中，在媒体制造的信息洪水中漂泊的"现代"大众社会中的"'谜'一样的人"，该如何才能获得作为"主体"的觉醒呢？

---

① 『丸山眞男座談』第4卷、93頁。
② 神島二郎『政治をみる眼』、日本放送出版協会、1979年、164-169頁。藤原保信『政治理論のパラダイム転換』、岩波書店、1985年、219-222頁。
③ 『丸山眞男集』第3卷、222頁。

"无形权威"的存在是有必要的

在波涛汹涌的"政治化"浪潮中，能彻底守住"人格内在性"的大概是那些具有宗教立场的人，特别是"激进的新教徒"，例如无教会主义者。这是丸山在《人与政治》一文中提出的观点①。这明显是头脑中想着身为无教会主义者的南原繁而说出的话。我们已经多次谈及奥托·韦尔斯演说，丸山在介绍奥托·韦尔斯演说的那次座谈会上这样说道：

> 作为经验性的现实，我们眼中看到的就是世界的全部，搬出一个超越它的无形权威——无论是神、理性，还是"主义"，自己终究会被这种无形的权威所束缚。如果没有它，人最终将归附看得见的权威——要么是政治权力，要么是舆论抑或社会评判——我坚信这种不合理的信仰。②

无论是确信神佛，还是坚信某种理想，为"无形权威"所控制的感觉会牢牢地守护住体现着自己"人格"的东西。即使是丸山自己，在接到历史学家家永三郎的赠书《续说亲鸾》（1980 年）后的感谢信中说道："兄极为亲近佛教，却不笃信佛教。我对于基督教的态度与您有些相似。"其中道出了丸山对基督教信仰的复杂态度③。

---

① 『丸山眞男集』第 3 卷、220 頁。
② 『丸山眞男座談』第 5 卷、315 頁。
③ 『丸山眞男書簡集』第 3 卷、18 頁。

如前所述，即使是宗教信仰，也变成了国家、政治党派或利益集团操纵对象的时代就是丸山所谓的"现代"。个人具有内在信仰的同时，还通过向体现 nation 理想的皇室表达敬意，人与人在情感层面的"国民"共同性方面联结在一起，南原将这个逻辑说成是稳定的社会秩序的支撑。对于已成为"天皇制"批判者的丸山而言，那个选项是不存在的。在"现代"，人被不断变化的力量关系裹挟其中，不知道什么才是真正的自我思索，脚下的路为价值的相对性与虚无主义所羁绊。这个难题成为丸山思想中终生思索的课题。

第二节　超越"恐怖的时代"

"回头路"的开始

在日本，战后言论变得自由起来，各种各样自发性的结社活动百花齐放。丸山眼中的这种解放的时代并没有持续太久。1947 年（昭和二十二年）2 月以针对"二一大罢工"的停止命令为契机，占领军当局开始压制工人运动的激进发展，在同年 3 月的美国总统杜鲁门的讲话中，对苏联主导的国际共产主义运动采取"封锁政策"，作为其中一环，拉日本入伙使之复兴起来的美国政府的意图变得清晰起来。

政策上的这种转变是在暗处被缓慢推进的，直到 1950 年（昭和二十五年）新年伊始，麦克阿瑟暗示日本有必要重整军备，6月6日占领军向吉田茂首相发表指令，从政府、议会等驱逐日本共产党中央委员。占领政策由此发生了转变，与此前将军国主义者驱逐出政府、议会等的做法背道而驰，丸山后来回忆："春天真是太短暂了，这是我们的真实感受。"①

这条"回头路"所引起的波澜在社会上因6月25日朝鲜战争爆发而危机感日盛的背景下，急速发酵。7月创设警察预备队②，尔后，"赤色整肃"（red purge）的范围迅速扩展到新闻报道机构、企业、官厅。即使是在一年前以新制大学的面貌重新出现的东京大学，9月份也广泛流传着要将日本共产党员驱逐出教师队伍的传言，6月30日晋升为教授的丸山也被认为是赤色分子位列驱逐名单中。为应对愈演愈烈的学生抗议运动，10月份紧急召开了法学部教授和学生联合集会，在会上丸山鲜明地表达了自己抗议的态度："如果从可以客观地思考这条底线向后退，那我们责备那些认识到做过头的学生，在理论上就失去了道德依据。"因为这一言论，后来1961年丸山接到了美国哈佛大学发来的邀请信，但美国国务院拒绝批准他的签证③。其间，经驻东京美国大使馆做工作，美国国务院最终批准了丸山的签证，使丸山得以按计划访美。

---

① 『丸山眞男集』第15卷、58頁。
② 国家警察预备队有75 000人，由盟军最高统帅（SCAP）下令设立。在准军事性质上，这是面向日本自卫队的创造和对战后宪法第九条的重新解释起着重要作用的第一步。
③ 福田歓一『丸山眞男とその時代』、岩波書店、2000年、43頁。

恐怖的时代

日本国内的文化状况也充满着浓厚的"复古色彩",再建神社,部分复活战前道德历史教育、在小学校升日之丸旗唱《君之代》,并公然宣称宪法是占领军强加的而对之大加批判①。在自由民主的发达国家——美国,利用麦卡锡主义,告发共产主义者,出现了所谓"红色清洗"。这让丸山很受打击。他看到报道称美国国内"官民间谍组织活动横行,如同流氓组织一样顽固的反共团体围攻共产党,而与之相对抗的一般市民活动却异常微弱",使他在《法西斯主义的诸问题》(1952年)中提出了新法西斯主义之产生的想法②。

后来他在一封信中写道,1961年(昭和三十六年)在哈佛大学时,接触到极右团体约翰·伯奇协会组织的活动,让他联想到"20世纪30年代中期的日本"。由此可见,麦卡锡主义造成的冲击在那之后一直深深印刻在他心里③。丸山抱有一种强烈的危机感,他看出吉田茂任首相的自由党政权也存在"法西斯化"的倾向④,很容易复活战前和战争期间那种高压体制。

对这一时期的丸山而言,他在战前就已发现的"政治化"病理再次以粗暴的形式在美日两国上演。对"自由社会"之敌

---

① 丸山眞男「復古調をどう見るか」(1953年)、『丸山眞男手帖』11号(1999)、29-33頁。
② 『丸山眞男集』第5卷、256頁。
③ 『丸山眞男書簡集』第1卷、77頁。
④ 『丸山眞男集』第5卷、273頁。

的恐怖心理，笼罩着两国政府和国民，使他们进行着疯狂的镇压活动。共产党方面则处于孤立无援的境地，这反而使他们的战斗欲望更强，恐怖的恶性循环愈演愈烈。——1950年末丸山在一篇短文中对这一状况做了如下分析，他为该文所起的标题是《恐怖的时代》。

全面媾和论

日本迎来了"恐怖的时代"，其最高潮是从1949年（昭和二十四年）秋开始的围绕媾和条约的激烈争论。日美两国政府采取的方针是日本只与自由主义阵营的多数西方国家讲和（单独媾和），而与之相对，在岩波书店编辑吉野源三郎号召下聚集起来的知识人团体"和平问题谈话会"以杂志《世界》为舞台，倡导东西两大阵营和平共存，进行全面媾和。和平共存的口号首先由苏联提出来，在日本国内和平运动也是由日本共产党和社会党左派发起的。然而，归根结底它只不过被作为革命运动的一个环节，即使他们主张中立和全面媾和，特别是日本共产党即使是把东方各国看作"和平势力"，也无法掩盖将其作为实现势力联合之手段的性格。而与特定政党没有关系，将安倍能成、和辻哲郎等"老一辈自由主义者"和马克思主义者都纳入其中的范围广泛的"和平问题谈话会"的声明，获得了众多国民的共鸣[1]。

---

[1] 中村哲『日本現代史大系・政治史』、東洋経済新報社、1963年、277-279頁。

因为丸山也是该谈话会成立之初的中心人物之一，故而受到朝鲜战争打响的刺激而发表的《第三次围绕和平的声明》（《世界》1950年第12期）中的第一章和第二章，是由丸山执笔的。这份声明不是从两种意识形态的不可调和的对立，而是从国家外交上"权力政治"的角度理解"两个世界"的对立，促进了对这一问题"思考方法"的转换。在认可使用核武器的"现代战争"中，武力冲突只会造成交战国双方的完全覆灭。在东西两大阵营内部也存在国家利益上的冲突，印度和中国都想走独立自主的道路，这就是国际政治的现实。由此可见，丸山并非诉诸空想的和平论，而尝试采用冷静计算国家利益的分析方法使站在各自立场的人可以共同拥有和平共存与非武装中立的理想。

处于国内冷战中

如果从其后历史的发展往回看，就如五十岚武士所言，谈话会所倡导的和平论因日本政府断然决定单独媾和而归于失败，但它的作用并未就此终结。即使对自由党、自民党政权而言，在理想层面上对这种和平论也有所吸收，或者说利用它来补充对美协调的外交政策[1]。

谈话会发表的声明中主张的全面媾和和非武装中立第二年被日本工会总评议会（简称"总评"）的行动纲领采用，社会

---

[1] 五十嵐武士『戦後日米関係の形成：講和・安保と冷戦後の視点に立って』、講談社学術文庫、1995年、131—133頁。

党左派也采取了同样的态度。因此在"国内冷战"的局面下，丸山作为左派、革新派阵营的言论人的形象由此确立起来。即使从其个人的言行来看，在论文《致一位自由主义者的一封信》（1950 年）中"从政治实用主义立场出发"批判了日本政府对日本共产党的镇压[①]，而对朝鲜战争爆发的原因则采取了"不可知论"的态度[②]，使丸山作为左派言论人的形象进一步增强。

曾经是"和平问题谈话会"的参加者、但在朝鲜战争爆发后转而支持单独媾和的蜡山政道后来在批评谈话会的声明中指出，"不考察将日本卷入其中的现实的冷战状况等国际形势，却把日本人希望实现和平的理想主义的愿望作为基调"[③]。用丸山的话讲，相比成为西方阵营的一员，在两大阵营之间一直保持中立，才是日本"确保世界和平"，能为国际社会做出贡献的唯一方法。而日本国宪法中倡导的放弃军备在现代是最为现实的选择，其俨然成为"精神上攻击"现今仍追求武装军备的其他国家的武器[④]。不可否认，丸山高屋建瓴地估计到了军事冲突有转化为核战争的可能性，用后来的国际政治学概念来讲，这样做大概会形成强大的软实力。正因为丸山亲身体验过核爆，所以主张强硬的理想主义也是理所当然的。

---

① 『丸山眞男集』第 4 卷、333 頁。
② 『丸山眞男座談』第 2 卷、140 頁。『丸山眞男集』第 15 卷、327 頁。
③ 蝋山正道『日本の歴史 26 よみがえる日本』、中央公論社、1967 年、135－136 頁。
④ 『丸山眞男集』第 11 卷、216 頁。

在疗养所的生活

和五花八门的与自己持有不同立场的参加者交换意见,并将这些意见纳入谈话会的声明中,多次住在旅馆里彻夜赶写声明对他的身体造成很大压力。加之同年又临时承担了"政治学史"讲义,使丸山左肺患上了结核病。从1951年(昭和二十六年)2月开始后的一年零两个月,以及自1954年(昭和二十九年)开始后的一年零三个月,丸山两次在国立中野疗养所养病。在远离日常生活的空间里,平常的职业和地位被放在一边,与病友在一起的生活在某种程度上也成为类似于在拘留所和军队时一样的"真空地带"的体验[①]。这两次疗养每次都很长,历时一年以上。

战后不久,因为大量士兵从海外归国、粮食短缺,造成结核病患者激增,疗养所的条件非常恶劣。当时链霉素化学疗法还没有普及,核心疗法就是外科手术和长期静养。在国立结核病疗养所,经常不断发生职工工会和患者自治会围绕医疗待遇的改善和财务的明确化与政府当局之间的激烈斗争,故而也成为"红色清洗"的现场。丸山进入的中野疗养所,这样的斗争还没有偃旗息鼓[②]。

[①] 『丸山眞男集』第12卷、298頁。
[②] 高三啓輔『サナトリウム残影—結核の百年と日本人—』、日本評論社、2004年、240-252頁。

内外之隔

丸山在《第三次围绕和平的声明》中已经指出了现代人的病理，即在国际形势紧迫之时，"神与恶魔对立的图式"就会左右人们的思考，狂热地非难敌人，告发本国的"背叛者"，使整个社会充满了巨大的危机感①。但是，通过疗养所的生活，他深深感到，人们受到关于周围世界的固定印象的制约，与抱有不同观念而生活的他者之间不存在共同语言，这种状况不仅表现为政治上的对立，在日常生活中也频繁发生着这样的事情。在第二次住院期间，厚生省因为经费削减而制订了废除护工的政策，在疗养所内引发了骚乱，在社会上也成为一大新闻。对此，丸山这样说道：

> 即使如此，通过这次发生的事情使我再次认识到，人尝试"站在他人立场上"想问题在现实中是多么困难。现在的我对于疗养所"外"的人而言，也算是在疗养所内部居住的人，但若站在长期疗养者和重症患者面前，无论我们怎样抱以"同情"都无法进入他们的生活内部，他们的精神世界里有外部无论如何都无法体验到的不同与波动起伏，我自己作为一名疗养者的发言在他们看来也分明是空理空论而已，这让我想到拉斯基不厌其烦地在《政治典范》中表示每个人经验的不可替代性（uniqueness），其

---

① 『丸山眞男集』第5卷、12頁。

比以往更加迫切需要。①

作为"疗友",大家过着同样的疗养生活,但重症患者和得病不严重而入院治疗的人之间的现实感受有很大差异,将此前自己所抱有的对方形象相对化,把他作为"他者"来理解并不是一件容易的事。当他痛切地感受到这一点时,联想到了英国政治学者哈罗德·J. 拉斯基在《政治典范》(*A Grammar of Politics*,1925)一书中提到的构成权利与自由基础的每个人经验的"不可替代性"。

丸山后来在一次座谈会上谈道:"世界上没有另外一个与自己完全相同的人——简而言之,这种直觉、这种让人吃惊不已的自觉大概是人在精神上实现独立的最深层的核心所在吧"②。要抛弃试图想很快了解对方想法的漫不经心的同情态度,要把对方作为"他者"来理解,为此而进行持续的对话。在这个过程中,作为主体的自己反而也会吃惊地发现自己本身同样具有那种"不可替代性"。而每个人不为心中蠢蠢欲动的无形力量所影响,坚定不移地保持"精神上的独立",以这种态度与他人不断进行交流也是不可或缺的。——最后,丸山揭示了社会关系中"他者感觉"的重要性,在论文《近代日本的思想与文学》(1959年)中提出,"他者意识"与"市民意识"的关联是值得研究的课题③。

---

① 「断想」(1956年)、『丸山眞男集』第6卷、152頁。
② 『丸山眞男座談』第5卷、305頁。
③ 『丸山眞男集』第8卷、135頁。

死亡静坐

在第二次住院疗养期间，丸山还经历了一个事件。在废除护工问题出现以前，1954年（昭和二十九年）5月，政府打算在大幅削减预算的前提下确保床位，欲出台《入院出院基准》，要求轻症患者出院。厚生省社会局将文件传达到各都道府县后，各地疗养所的患者们抗议如潮。在东京，从7月27日早上开始，要求撤销该文件的三千名患者涌向东京都政府，在东京都议会议事堂前静坐时，来自国立村山疗养所的一名女性患者傍晚时因心脏停搏而猝死。负责指挥抗议活动的都患同盟（全国性组织日本患者同盟东京支部）决定静坐活动持续到两天后。因此，这次抗议活动又被称为"死亡静坐"。

丸山自身没有参加那次静坐活动，但他亲眼看到了一同疗养的轻症患者从中野疗养所出发熄灯后又返回来的情景。这不是日本患者同盟和疗养所内患者自治会鼓动的结果，完全是自发性发展起来的运动。"并没有他人的命令，患者内部形成了一种'分工'，留在疗养所里的患者动手做晚餐，提供给参加抗议归来的人享用"[①]。因为预算削减，自己不知道什么时候会被从疗养所赶出去，在这种不安的氛围中，即使不是自治会的热心成员、平常不关心政治的患者们也都开始"迅速政治化"，支持采取激烈行动。但是，这些行动只是"毫无组织、

[①] 『丸山眞男集』第12卷、297頁。

痉挛性发生的",甚至发生了有人为之付出生命的悲惨事件①。

非政治化与过度政治化

实际上,丸山在两次住疗养所的间歇发表的《政治的世界》(1952 年)和《政治学事典》中的词条"政治上的无关心"(1954 年)中已经介绍了这种现象,即在现代大众社会,人们已经变成了完全享受着媒体提供的娱乐和信息的被动性存在,对政治漠不关心;而同样是这些人也会忽然热情地参加政治活动。

在现代,政治机构变得复杂了,国际社会的发展直接影响着人们的生活,已分辨不出到底谁在起着决定作用。人们感觉政策是在自己力有不逮的地方被决定着,从而形成了一种政治无力感。这是人们对政治漠不关心的实际原因。这种"谛观和绝望"与对政治的"焦躁和愤恨"是一体两面的关系。这一现象引起了"政治指导者"的注意,他们通过媒体宣传,大肆宣传对敌对势力和特定外国的憎恶,在这种强烈的刺激面前人们会变得兴奋,变得自我放弃而盲目地依从权威②。——丸山揭示了包括 20 世纪 30 年代德国和日本在内的"法西斯独裁"出现的心理基础。

大众社会的问题

随着"回头路"政策的实施,丸山再次清楚地感到国家强

---

① 『丸山眞男座談』第 2 卷、112 頁。
② 『丸山眞男集』第 6 卷、114 頁。

力推进"政治化"的危险性,因为他亲眼看到了"死亡静坐"中原本对政治漠不关心的人们曾忽然一下子采取了激烈的政治行动。大概因为这个原因,丸山在论文《日本的 nationalism》(1951 年)的最后并没有把重新恢复 nationalism 作为课题提出来。大概他认为旧金山媾和条约已经签订,独立就没有必要再挂在嘴边了,而在大众社会问题日益深刻的状况下,想要复活战前那种灭私奉公的爱国心的活动又蠢蠢欲动,使丸山在内心中对日本人的 nationalism 产生了深深的戒备。

从那以后,例如在《法西斯主义的现代状况》(1953 年)中,虽然他倡导"国民应该尽可能创建自主性的团体,尽可能多地获取机会参与公共问题的讨论",并进而强调"自发性结社"的意义,但是丸山并没有再把它与培养健全的 nationalism 结合起来进行言说[1]。在大众社会里,人们将自我认同作为旗帜将国民团结起来开展的活动里蕴含着从过度狂热转变为要消灭"敌人"和"背叛者"的危险,美国的麦卡锡主义让丸山痛切地认识到即使是在自由民主制度很完备的国家也免不了产生这样的病理。

同样,也是在"回头路"政策实施下,南原繁将自己在战后发表的讲演、评论结集成册交由岩波书店出版,其中一本书的标题也是《人与政治》(1953 年)。在该书中南原谈及旧金山媾和条约缔结后日本的独立问题,他认为:"只有在新的国民主权之上,才能诞生只要自由的和平的民族"。此外,该书还收录了他于 1947 年(昭和二十二年)纪元节在安田讲堂的

---

[1] 『丸山眞男集』第 5 卷、318 頁。

讲演《民族的再生》。由此可见，高倡新 nationalism 的意义，在当时的丸山看来，那不过是对过于"政治化"的现代过于乐观的态度而已。

以非职业政治家为支撑的民主主义

从那时开始，除了 1960 年安保反对运动时期以外，丸山都是在劝导读者，在相互能够直接见面的小集团内，通过平时讨论政治、社会、文化问题，来培养"自主的判断力和积极的公共精神"[1]。在此基础上，利用日常工作之余"监视"政府活动的"非职业政治家的政治活动"也是非常重要的。丸山基于亲鸾的思想将其比喻为"在家佛教"。不仅仅需要"政界"里的职业政治家，"还要依靠不以政治为目的的人们的政治活动，民主"才能被赋予生生不息的生命[2]。

当然，在政治运行中，职业政治家和官僚的作用很重要。但除了他们所做的政治上的专业工作外，如果没有非职业政治家的普通人监视他们，民主就会变得华而不实。在丸山常年交往的朋友和在课堂中教过的学生中后来成为官僚的有很多，但他经常与住在附近的政治家三木武夫相谈甚欢，有时也会围绕政府的政策展开讨论[3]。但是，他从未作为献策者为某个政权或政党服务，而是始终通过讲演和文章来教导普通人。借用三

---

[1] 『丸山眞男集』第 5 卷、190-191 頁。
[2] 『丸山眞男集』第 8 卷、314-315 頁。
[3] 三木睦子『心に残る人びと』、岩波書店、1997 年、112-115 頁。

谷太一郎的说法，丸山选择了一条在现实政治中做"非职业政治家的精神领袖"的道路①。

现实主义的思考

即使从所谓非职业政治家的立场进行监视，丸山也严格摒弃其中带有自身感情的对政府的非难、理想定得过于高远、要求政府做力所不逮之事等态度。借用他在《政治上的判断》讲演（1958年）中的说法，职业政治家应该具有的"政治性现实主义"的思考方法，每位国民也有必要掌握。这种方法就是："不是看现实中已经确定和完成的东西，而是思考在各种可能性之中发展哪种可能性，或矫正哪种可能性，并将其与政治理想和目标结合起来的方法"②。这是一种不执着于对理想的憧憬，也不固执于眼前利益的均衡的态度。这种现实主义的思考，在战后日本特别是"革新派"政治力量中是缺乏的，丸山认为应该建立小集团、地区等"多层"讨论空间，在其中积累经验以培养这种思考方法③。

当然，"政治性现实主义"也不能仅仅要避免只盯住很难改变的既成事实的累积，将目光停留在经常变化的、有可能改良的事情等的初始状态上。正确的态度是，不是把自己无可奈何的现状推脱为"敌人阴谋"造成的，而要反省自己在现实认

---

① 三谷太一郎『近代日本の戦争と政治』、岩波書店、1997年、385頁。
② 『丸山眞男集』第7巻、310頁。
③ 『丸山眞男集』第8巻、291頁。

识上的错误，对结果完全承担起责任①。这是一种不把现实"基于普遍、抽象的命题而进行片面裁断"，而是将五花八门的侧面区分开来，找出适合应对办法的思考能力②。在政治上面临抉择时，不期待最好，为避免陷入过度失望中，要形成一种觉悟：把政治视为"任何选项都会有风险和缺点，要选出风险和缺点相对较少的选项"③。不仅如此，关于要支持何种政治势力的问题，不要拘泥于在此之前政治势力的分布，要"从整体状况的判断"出发做出灵活的选择④。而日常生活中持续性地进行这种思考方法的训练是非常重要的。

1960 年安保反对运动的高潮与不安

在本书序章中已经谈及 1960 年（昭和三十五年）反对《日美安全条约》的运动中丸山表现得很活跃，这也是他基于作为一名非职业政治家来抗议政府暴举的意图而开展的活动。那时候的丸山，强烈地想从讨论"现实政治问题"中抽身出来，潜心研究日本思想史，但是当他看到 5 月 19 日政府强行通过《日美安全条约》修改案的报道后，第二天就与同事辻清明（行政学）商量，"能这样沉默吗?"后来又接受日高六郎的邀请，在 5 月 24 日"学者文化人集会"上发表了《抉择的时

---

① 『丸山眞男集』第 7 卷、310 頁。
② 『丸山眞男集』第 7 卷、320 頁。
③ 『丸山眞男集』第 7 卷、327 頁。
④ 『丸山眞男集』第 7 卷、330 頁。

刻》讲演①。

岸信介首相践踏议会制民主主义惯例，通过多数决的形式通过了《日美安全条约》修改案。这次参加抗议的群众聚集于国会前，超过了此前由工会和学生组织的运动规模。这一事件唤起了丸山的使命感，使他觉得自己也必须站出来。然而在他内心中打算要作为一名"市民"看到政府暴举后忍无可忍采取行动，没有想过以自己政治学者的学识指导世人②。实际上，据北川隆吉回忆，在《抉择的时刻》讲演结束后，游行队伍向国会进发，队伍前面的宣传车喇叭里播放着这次讲演，当放到"我们作为从事知识生产的人"时，丸山从队伍后面跑过来跳到车上，要求把这句话修改为"作为市民"③。

恐怕这一时期丸山面对轰轰烈烈的大众运动所展现出来的从未有过的能量，也感到很大不安。对于要求大家一起面见首相，进入首相官邸接待室后，主张不管是否被逮捕仍会继续静坐的清水几太郎的观点，丸山持反对意见。他说："清水先生，像这样强行要求会见，我不感兴趣，我认为这样做是违背民主主义的"④。那时候丸山脑海里想的大概是，抗议运动急速高涨，甚至指挥部也无法控制而任其蔓延，最终有人会为之付出生命，像六年前发生的"死亡静坐"事件。

---

① 『丸山眞男集』第 15 卷、338 頁。
② 『丸山眞男座談』第 9 卷、293 頁。
③ 北川隆吉ほか編『戦後民主主義「知」の自画像—21 世紀へのダイアローグ—』、三省堂、2000 年、101–102 頁。
④ 清水幾太郎「わが人生の断片」、『清水幾太郎著作集』第 14 卷、講談社、1993 年、465–467 頁。

"漫长宿醉的到来"

三天后，丸山与开高健、竹内好一起参加在永田町料理店召开的一次内部鼎谈"抛弃预定的计划"。丸山在会上指出，安保反对运动"仅就能量而言，并没有出现在一片混沌中塑造秩序的力量，很可能只是嫌恶国会审议、选举等'形式'意义上的单纯抵抗"。并且一边听着窗外游行队伍的歌声，一边嘴里谈着卡尔·马克思所说的"这种革命为时短暂，很快就达到沉溺于长期的酒醉状态"①。丸山对于现代大众社会现状深感不安，即使是看到了人们重新拥护民主主义的样子，换言之，正是因为亲眼看到了这一点，他才感到前景更加黯淡。

当然，丸山并没有完全否定这次运动的意义。革新政党、工会和新左翼党派等"既存的革命性的组织"在此之前曾组织过一些运动，但这次运动是第一次由不属于上述组织的"普通市民"愤然而起采取的行动。丸山从中切实感受到了战后经过15年，"宪法感觉"已经扎根人心，民主主义终于"落地生根"②。在五年后的一次座谈会上，丸山曾经劝诫那些随便断言这次运动必将"失败"或"遭遇挫折"的职业运动家和"半职业评论家"，提醒他们注意岸信介内阁迫于民众的压力，没有采取出动自卫队的镇压政策③。

---

① 『丸山眞男座談』第 4 卷、117 頁。
② 『丸山眞男座談』第 4 卷、112-114 頁。
③ 『丸山眞男座談』第 6 卷、108 頁。

对"市民主义"的怀疑

1960年6月,不属于任何组织的数量众多的运动参加者已非被动的"大众",变成了从生活者视角对国家政权表示自身愤怒情绪的"市民"。哲学家久野收将这一现象视为"市民主义的形成"①。直至20世纪60年代中期,听过丸山课程的政治学者松下圭一认为,在经济高速发展和都市化发展的背景下,生活水平的提高和余暇的增多使生活在现代日本社会中的人们的"市民感觉"变得成熟起来②。久野和松下的观点在60年代以后,被作为解释在日本各地和各问题领域出现的"市民运动"的原因,得到广泛接受。

丸山激烈地反对这种"市民主义"的提法。1961年(昭和三十六年),丸山在与佐藤升的对谈"现代革命的逻辑"中宣布,认为"市民"是实体的观点并不恰当,不会使用"市民主义"这个词③。日常从事着五花八门的职业、过着普通生活的人,不得不分出一些余暇给予自己原本没有兴趣参加的政治活动,当这种思想意识超越职场内部而生出"对外连带感"的时候,才能将意识的这个侧面称为"市民性的"。

---

① 久野収『市民主義の成立』、春秋社、1996年、18-27頁。
② 松下圭一「〈市民〉的人間型の現代的可能性」(1966年)、『戦後政治の歴史と思想』、ちくま学芸文庫、1994年、171-179頁。
③ 『丸山眞男座談』第4卷、149頁。

不得已才参加政治运动

但是,丸山还指出将自己全部生活都奉献给政治运动的"彻底的市民形象"也是很危险的,它与将大众社会中的不安、孤独感与共同体合为一体以图消弭这种感觉的法西斯主义只有些微差别①。非职业地参与政治的一般人与政治的关系,归根结底就是一般人参与政治是不得已的,是利用业余时间参加的②。无论是久野,还是松下,都认为在生活基础上与政治毫无关系的人叫作"市民",并不鼓励使用这里出现的"彻底的市民"。这大概是担忧接着会产生出没有扎根于底层生活的"市民运动"活动家——相反的说法就是职业"市民"吧。

丸山强调所谓政治就是回应"大量人的每天平凡的要求","归根结底是一种保守的东西",对憧憬通过采取激烈的行动以实现根本性的变革的观点进行了辛辣的批判③。在手记《春曙帖》中,他摘录英国政治哲学家迈克尔·约瑟夫·奥克肖特说的一段话,"所谓政治学并不是建立恒久完美社会的技术,而是研究已经存在的某种传统社会,知道它接下来最好向哪儿走的技术"④。研究的是与政治相关的发展问题,然

---

① 『丸山眞男座談』第 4 卷、142 頁。
② 『丸山眞男集』第 8 卷、39 頁。丸山眞男「自由について―七つの問答―」、170 頁。
③ 『丸山眞男座談』第 5 卷、141 頁。
④ 丸山眞男『自己内対話』、76 頁。

后再返回头思考政治，它归根结底是极为基础性的、"平凡"的工作。

因此，"普通市民"参加政治，如果是在工作之余"针对五花八门的问题，自由地聚在一起进行讨论"，必要时进一步向政党和议员反映，目的实现后随即解散，这种方式是可取的①。即使在安保反对运动高潮时期，丸山在论文《八·一五与五·一九》中也倡导，市民参与政治的手段不仅仅是街头游行示威，单个人"读者来信和发抗议电报"也很重要②。即使是些缺少华丽辞藻的意见，在丸山看来，这些在社会各地所累积起来的意见，最终会形成抵抗"政治化"的浪潮。

但是，丸山这种波澜不惊地参与政治的提议，只是在给杂志的投稿和对谈中有过表述，《丸山眞男集》和《丸山眞男座谈》的刊行，首次将它们收录其中。很多读者读到的在报纸上被大肆报道的讲演《抉择的时刻》和《现代政治的思想与行动》增补版中收录的讲演《现代的态度决定》中劝说人们站起来抗议岸信介内阁的部分，就是1960年5月时丸山的态度。安保反对运动之后，丸山成为新左翼论客们批判的对象，在大学纷争时他又被全共斗学生视为固守学校秩序的教授代表遭到了集中攻击。面对这些批判，笔者感觉或许这与丸山自己在讲演中所要唤起读者的认识以及他本人的初衷存在落差，而使之颇感迷惑和背叛吧。

---

① 『丸山眞男集』第16卷、24頁。
② 『丸山眞男集』第8卷、374頁。

第三节　寻找另一种传统

精神上的消沉

在 1960 年安保反对运动之前的 1958 年（昭和三十三年），丸山应邀与曾约他将《军国统治者的精神形态》登载于杂志上的编辑、思想史家桥川文三等人共同出席了一场座谈会"战争与那个时代"，与比自己年轻的人在一起，给了丸山一次面向年轻人详细介绍自己从军体验的难得的机会，而在座谈会即将结束时，当与会者谈及"自己未来将在何种方向上展开工作"时，丸山说："这一两年，我真的感到人们精神上的消沉"。丸山一直很少用这种意义模糊不清的词汇。

> 总之有些自卖自夸，我的精神史是在方法论上借鉴和摆脱马克思主义的历史，在研究对象上与天皇制的精神结构做斗争的历史，这是我坚持为学的内在动力。但是，从现在的情况看来，这两者似乎正在"风化"，没有以前那么炙手可热了。[1]

丸山坦然承认，马克思主义和"天皇制""在我看来都不像往昔那样具有牢不可破的实在性了"。大概从那时起，丸山开始远离分析现代日本政治状况的工作，"再次集中精力"研

---

[1] 『丸山眞男座談』第 2 卷、234 頁。

究日本思想史①。其中的一个重要原因是，冈义达、京极纯一、升味准之辅、永井阳之助等年青一代政治学者已经开始活跃在日本政治研究领域。即使如他所愿地回归日本思想史研究，丸山也一直将"消沉"挂在嘴边。1967年（昭和四十二年），他在与鹤见俊辅的对谈"普遍原理的立场"中说，我自己原本是属于"隐遁型"的人，1960年安保反对运动时是不得已而为之的"例外"，"相比天下国家论，听听音乐毋宁能给我更大的快乐"②。

从1968年（昭和四十三年）开始到第二年，东大发生了大学纷争。丸山作为综合图书馆地下明治新闻杂志文库的管理委员会主任，为了保护馆藏资料连续数夜宿于馆里，再加上受到学生们封锁研究大楼和妨碍课堂授课的打击，身体疲惫不堪，患上肝炎，一病不起，再次过上了住院生活。1971年3月，离退休还差3年，丸山就申请退休。虽然过上了怡然自得的生活，但他在第二年写的信件里谈道，"我有失语症的症状，但（如果用一个新词）我患上的是失文症"，在执笔撰写论文《历史意识的"古层"》（1972年）时是极其辛苦的③。实际上，丸山从20世纪60年代中期开始，莫说有关现代政治的评论，甚至思想史研究的论文也很少动笔写。这种低产量的状态，一直持续到1996年（平成八年）8月15日享年82岁因肝癌去世。当被告知患上肝癌后，他终于同意了出版自己著作集的计

---

① 『丸山眞男集』第9卷、161頁。
② 『丸山眞男座談』第7卷、106頁。
③ 『丸山眞男書簡集』第1卷、255頁。

划。在编辑《丸山真男集》时，丸山也只是以回答编辑过程中来自编者（植手通有、松泽弘阳）以及出版社编辑的问题的形式，最小限度地参与其中，这是他在学问上做的最后工作①。

"型"以及它的丧失

这种消沉的态度到底是因为什么引起的呢？在对谈"普遍原理的立场"中，丸山指出："所谓大众社会，用一句话说就是没有型的社会"，在德川社会已经存在的人民生活中的"型"或"形式"因为明治维新土崩瓦解，从大正时期开始的大众社会化进一步推进了这一变化，及至战后又得到了加速发展。丸山对这一历史过程做了概括性的描述②。

丸山提出的"形式的丧失"这一观点，来自他从大学时代开始就爱不释手地阅读的、在绿会有奖征文中也引用过的格奥尔格·齐美尔的讲演《现代文化的冲突》（1918年）。在论文《从肉体文学到肉体政治》（1949年）中，他写道：

> 在历史过渡期，"生活"总是抛弃不能很好地处理与自己关系的形式，创造出更加适合的形式，而现代的"生活"已经不甘于传统的形式，不仅如此，但凡所有的形式它都反对，这个时代是将自己直接无媒介地表现出来的时代，其中包含着最为深刻的现代危机。③

---

① 『丸山眞男書簡集』第5卷、219頁。
② 『丸山眞男座談』第7卷、121頁。
③ 『丸山眞男集』第4卷、223-224頁。

在对谈中，丸山所说的德川社会中的"型""形式"，包含着丰富的内容。从字面意义上的、剑道比赛和艺妓动作中身体动作上的"型"，到一整套语言的使用，文体、学问和艺术上的基础训练，甚至包含在思想中那些最为真正能够流传至今的教义中的"正统意识"，内容极其广泛。战后不久，在《自由民权运动史》中提到的"对主义的节操""为了主义万死不辞"等来源于武士道的"型"（伦理）已经被丸山作为"型"的一环来理解了①。

丸山曾在助教论文和福泽谕吉研究中在否定的意义上描述过德川时代的社会秩序，身份制统治贯穿其间，"权力偏重"浸透其内。而20世纪60年代后半期的丸山则对之高度评价，"对型精益求精，全部文化体系达到如此高水平的社会，唯独在江户时代"。自古以来的日本历史，"不注重形式的活力论"和"接受大陆文化后加以适当改变的修正主义"居于"主流"，而德川时代持续"锁国"，在文化内容上"千篇一律"、没有大的变动，故而将力量放在追求内部形式的精益求精上②。

对高速发展的疑问

丸山首次提出"精神上的消沉"是在20世纪50年代后半期，从那以后到20世纪60年代，通过"数量景气""神武景气""岩户景气"——这种命名方式，丸山也觉得有一种"回

---

① 『丸山眞男集』第3卷、245頁。
② 『丸山眞男座談』第7卷、120-121頁。

头路"的感觉——使人们迅速意识到现在正处于经济高速发展时期。人们的生活骤然丰裕起来，以电冰箱、洗衣机和电视为代表的家电得到普及。电视节目和不断创刊的周刊杂志产生出新的大众文化，城市与农村在人们意识上的差别越来越小。丸山曾对之抱有期待的作为自主性集团的工会也以企业内工会的形式成为支撑"公司大家庭"的一个组织，走上了弱化的道路①。

在手记《春曙帖》和书信中，丸山曾批判通过媒体报道使人们价值意识"齐一化"的问题，曾经在武士社会存在的作为个人信条已内化于人们内心的"名誉感"不知所踪，对大家都向往"出名"的"战后平等社会"慨叹不已。在大学纷争后，处于肝炎疗养期间的丸山在给家永三郎的信中写道：

> 关于某个话题，一旦形成像热风一样具有相同方向性的（反动的、自称革命性的）精神潮流，就会吃惊地发现顺从主义也支配着知识界，战后日本在拥有"一个独立的气象"的方面到底取得了多大进步？我怀疑电视、周刊文化的齐一性反而会加速这种倾向。②

"一个独立的气象"是福泽谕吉对英语 individuality（个性、独特性）一词的翻译。媒体的发展使人们的精神从底层达到意识的齐一化，并将其卷入商品的生产和消费的宏大循环中。就如前面所谈到的，高速发展所带来的社会变化，一方面

---

① 『丸山眞男集』第 11 卷、207 頁。
② 『丸山眞男書簡集』第 1 卷、2、191-192 頁。

降低了人们对国政的关心，另一方面在地区范围内也带来了各种市民运动的勃兴。但是，丸山没有从中看到修正大众社会观的希望，他一直担心意识的齐一化有与狂热的政治动员结合起来的危险。例如，他指出以创价学会为母体、1964年（昭和三十九年）成立的公明党也有发展成为像日本共产党一样用世界观政党实现"'真理'独裁"的危险①。

在通过经济高速发展而实现的"富裕社会"里，"型"遭到了随意破坏，已迷失方向的能量陷入了混乱状态中，使大众社会的问题变得更为深刻。在丸山看来，"型"的缺失正因为与自古以来日本思想史上的"活力论"与"修正主义"等"居于支配地位的潮流"间也存在共鸣，所以才变成了阻碍个人多样性和自由社会确立的巨大要因。

日本思想的"古层"

有关这种"居于支配地位的潮流"，丸山在1957年（昭和三十二年）发表的论文《日本的思想》中提出了"居于核心或坐标轴的思想传统"缺失的问题②。在1959年的"东洋政治思想史"讲义中，又论述了"日本人原初的思维方式"。其间，丸山在欧美度过了一段海外研究时光。在1963年（昭和三十八年）以后的讲义中，丸山将这种特质命名为思考方式和世界观的"原型"，并在一开头对此做了详细说明。后来丸山又将

---

① 『丸山眞男座談』第6卷、224頁。
② 『丸山眞男集』第7卷、193頁。

"原型"称为"古层""执拗低音",并在论文《历史意识的"古层"》(1972年)等论文和演讲中对此做了解释,他想弄清楚根深蒂固地存在于日本人"下意识世界"中的自古流传下来的思考方式,以图克服它,这就是丸山的分析框架①。

关于"原型"或"古层",在1967年(昭和四十二年)的"日本政治思想史"讲义(从这一年开始讲义的名字变得名副其实)中做了更为详细的说明。其中,以《古事记》《日本书纪》中记述的神话为基础,从历史意识、伦理意识和政治意识三个侧面对"古层"做了分析。总之,任何时候都重视"现"世和充实生成力量的历史观、把背叛共同体的秩序视为"罪"的伦理意识以及把统治活动理解为对统治机构中居于上位者的奉献的"政治"意识,从古至今一直在日本人的思想深处流淌。

从研究发展史上看,这只不过是对昭和战争前和战争期间纪平正美、三井甲之等"日本精神"论和和辻哲郎的伦理思想史研究所揭示的日本思想的几点特征的重新整理而已。然而,谈及这些"日本式的东西"的学者们,认为它们显示了日本思想的优秀性。而丸山的意义在于,他认为这些要素反而是应该克服的。在完成了这项工作后,丸山想要寻找另外值得继承下去的传统。

有关自我的问题

在连自己都无法明确意识到的内心深处,受到媒体信息洪

---

① 『丸山眞男集』第11卷、223頁。

流发挥的齐一化作用的影响，使日本人形成了特殊的思考方式，抱有如此思维方式的个人，真的能够成为发挥理性影响政治的"主体"吗？从撰写论文《忠诚与叛逆》（1960年）开始，丸山将视线不是放在理想性的"主体"上，而是围绕生存于现今现实中的事实上的"自我"展开讨论①。这种自我是内部存在龟裂、摇摆不定的。在与安东仁兵卫的对谈"梅本克己的回忆"（1979年）中，丸山坦陈，自己所立足的"西欧式个人主义"实际上碰到了极大的困难。

> 如果把传统的个人主义看作是原子式的个人主义，那么所有人都将被自身所具有的理性所规定。所以启蒙式的个人主义说到底形成的是"类人类"。可是，如果关注到不为普遍理性所规定的现实个体的状态，就会发现世界上没有两个人完全相同，个体至少存在个性上的自由，其最终形成了抵抗启蒙个人主义②的浪漫主义所依据的"个体"。西欧个人主义所内在包含的矛盾问题我自己也没有解决。③

作为与众不同的、事实上之"个体"的自我，远而观之，则是作为"自我"（精神分析学称之为"ego"）、"下意识"中混乱的各种欲望的集合，受媒体等外来影响不断重复着与其他自我的融合与背离。尽管如此，人们一般不想怀疑这种自我能

---

① 松沢弘陽・千葉眞『ICU 一般教育シリーズ35・政治学講義』、国際基督教大学教養学部、2003年、11頁。
② 启蒙主义倡导个人要具有共通的理性。
③ 『丸山眞男座談』第8卷、181頁。

够具有独自的一贯性的信条，也未必会完全被心底里涌动的欲望所支配而毫无自觉、毫不抵抗和控制。那么，"使自我变得像自我一样"的东西是什么呢？"启蒙式个人主义"的回答是，任何人都具有"超越自我的某种东西"——理性，它保持了人们人格上的统一。这种众人共通的特性真可以称为将独一无二的自我变成"像自我一样的最根本的东西"吗？

丸山在通过荻生徂徕研究揭示的"近代"政治原理中，包含两个层面，即事实上的个体以及由发挥理性作用的"主体"所建立的"人的团体"，他又返回到自我内部的"理性"与"个体"的分裂问题上，进行重新思索。这种内部结构的分析仍旧没有找到出路。

"忠诚与叛逆"

与内部存在分裂的自我问题相关联的另一个问题也引起了丸山的兴趣，即他对德川时代武士身上体现出的"忠诚心"的分析。在论文《忠诚与叛逆》（1960 年 2 月）中，丸山梳理了"忠诚心"在历史上的消长过程。丸山将其纳入自己担任责任编辑，并深入参与策划的筑摩书房出版的《近代日本思想史讲座》丛书第六卷"自我与环境"里。

丸山在这篇文章中关注到了德川时代的武士对自己主君采取的"谏争"。武士们忠诚地服侍一直给予自己祖先世世代代"御恩"的主君。他们从内心深处已具备了善于随机应变和奋斗的中世以来武士身上的那种"战斗者"的性格，而在德川时代的和平秩序下，他们又须作为"家产官僚"发挥作用，承担被赋予的职务上的"责任"，保护统治秩序"安泰"。在武士们的自我内部，反复出现这两种忠诚的相互冲突，譬如，在主君犯错时，他们既不会装作视而不见、一味卑屈顺从，也不会冷漠地中断主从关系寻找新的主君，而是会超越日常的"界限"，拼命地劝谏主君以使其成为"正确的主君"。"谏争"产生出了巨大的能量。

如果没有无论如何都要为主君尽忠的"内在约束感"[1]，自我就很容易失去约束，消融于内在的自我"感情"的洪流中，也即很容易被外界传来的出人头地、成功和革命的呼声吸引而随波逐流。在丸山看来，从明治后半叶开始，武士的"忠诚"伦理、"志士仁人"的执念正在迅速被人们遗忘，而日本的"近代"精神所追寻的恰恰就是这些[2]。

动态的丧失

当然，作为"约束感"来源的"强烈地为之献身"的对象，不仅是主君这一特定的人格存在，也包括思想"原理"和超越性神灵。但是，近代的日本人没有能够重新掌握导致"自我内部产生痛切纠葛"[3] 的自我生成的关节点，其结果造成个体自我失去了使自己与周围环境分离开，并转而作用于外界的

---

[1] 『丸山眞男集』第 8 卷、253 頁。
[2] 『丸山眞男集』第 8 卷、234 頁。
[3] 『丸山眞男集』第 8 卷、276 頁。

活力。丸山认为嘴上喊着"抵抗""革命"的大正时代以来的无政府主义和日本马克思主义运动都存在着相同的弊病。

与志士仁人意识并存，反叛确实会扩大"大众"的基础，但是在原本与忠诚相克、摩擦的动态减退的背景下产生出的反叛，不免带有单向度反叛的性格，其归根结底缺乏自我内在的规制和陶冶。不仅如此，在天皇制自身原本就没有进行"原理"性统一的地方，近代日本通过官僚化和世俗化，淘汰了诸如"天"一样传统的超越性契机，因此对它的反叛很难从内部生长出作为对抗象征的观念。这种反叛的大众性模式导致反叛必然直接依存于"玩世不恭"意识和"妒恨根性"以及对职场人际关系的怨恨。①

现在，无论是政治体制，还是对之持批判态度的人，都缺乏支持自身正当性的牢不可破的"原理"，各自在暧昧的一体感中漂荡。这大概就是人们的自我丧失内在相克意识，变成欠缺阴影的单向度之物的结果。丸山对于明治后期以来日本的这种状况，联想到了正是因为内部分裂才使自我获得了边界与活力的武士精神。他通过对这段历史的重新描写，意在关照现代人正在面临的难题。

"颠倒的世界"

在现代的信息洪流中，在其无影无踪的齐一化作用影响

---

① 『丸山眞男集』第 8 卷、272-273 頁。

下，还能保持自己作为"个体"的独自性，不为欲望所左右，并能做出适当的"政治判断"，在现实中如何可能呢？关于这个问题的答案，丸山认为能称之为最后唯一的手段的无疑就是"他者感觉"。在1961年（昭和三十六年），丸山担任有斐阁"人的研究"系列丛书中的《人与政治》论文集的主编，他邀请神川信彦、永井阳之助、佐佐木斐夫、桥川文三、埴谷雄高等人参与论文集的撰写。

其中，丸山在自己执笔的《现代的人与政治》一文中写道，查理·卓别林导演的电影《大独裁者》（1940年）中出现了一个场景，乘坐飞机穿越云海的主人公，并没有注意到机身已经上下颠倒的情况。实际上住在这种"颠倒的世界"里现在已经变成了常态，所谓现代无非是"人与社会的关系本身发生了根本性颠倒的时代"[1]。总之，人们所属于国家和各种各样的组织，这些只在内部传播的意识形态和"常识"，使人们看世界的眼睛从一开始就戴上了具有一定"形象"的有色眼镜。

那么，如何才能既突破"形象"所造成的界限，也能倾听到"外界"住民们的声音呢？对于把已经生活于"颠倒的世界"作为前提的丸山来说，并没有采取任何人都要走出属于自己的世界，在全人类的公共空间里相互讨论这种理想主义的态度。对于人而言，剩下的出路归根结底是既认识到自己身处"内部"中，同时又一直站在"边界"上。——"住于边界上的意义是，既能与内部的居民分享'实感'，又能与'外界'不断保持交往，不断积极地突破内在'形象'自我累积所造成

---

[1]『丸山眞男集』第9卷、12页。

的固化状态。"①

正因如此，丸山呼吁，"不仅要把他者归根结底作为他者来对待，还要把他者放在'异在'*的环境里来理解"。不是从现在的自己飞跃至理想的"主体"，而是既置身于"内部"，又将哪怕是极少的视线转移至"外界"，与之持续地进行交流。通过这种现实的自我，在现实层面与他者结成对等关系，是非常重要而关键的。

对"传统"的重新描述

前面我们已有介绍，从20世纪50年代末开始，丸山工作的重点转移到了日本思想史研究上。丸山埋头钻研历史，一门心思将"现代"社会的问题、应该克服的日本思想中的"支配性潮流"两者与过去的"镜子"相比照，寻求解决的路径。丸山在1968年（昭和四十三年）于大阪的司法研修生座谈中谈道，"传统的解释本身是多义的"。保守派知识人等传统复活论者口中所谓的"传统"，是"贯穿于日本历史中比较具有主流地位的思想"。"日本精神"论者曾经倡导的"国体"观就是一个很好的例子。然而，如果仔细对这些"传统"进行考察，我们会发现很多只不过是从某一时代开始才被创造出来居于"支配性"的传统。

另外，这种传统复活论是立足于无视"非支配性"的"旁

---

① 『丸山眞男集』第9卷、43頁。
* 黑格尔哲学中的概念，德语为"Anderssein"。——译者注

流"思考方式的"教义"来言说"传统"的。对此，丸山认为在过去的思想中应该将哪些作为"我们的传统"确定下来，"现在要做出抉择"。"虽然不是支配性的、未成为时代通论的思想，但明白无疑地能从过去的思考方式中为我们编织出一条通往自由的道路，这样的思想也可以作为传统"。而且，既然传统应该是"我们发挥主体性从人类过去的遗产中选择出来"，加以实践化的东西，那么就没有理由将外来文化排除于传统之外。例如，"幕末以来我们引进的欧洲文明和思想"对于现代日本人而言也完全可以称之为"传统"①。

作为他者的历史

由此，丸山开始站在从过去日本的思想中"自由地寻找其将来可能性的立场"上②，潜心研究。这种态度也与"他者感觉"有很深的关系。前面已经引用过的"要把他者放在'异在'的环境里来理解"，是1945年逃亡到伦敦的卡尔·曼海姆在对德广播中以支持学问自由的立场说的话，丸山在读卡尔·施密特的《从囹圄中获救：1945—1947年的体验》（1950年）时摘录了其中谈及该句话的一段③。丸山加了一个括号，其中写道受"既往的过去"束缚的传统的一般看法，同时他慎重地避免将现代的感觉投影到他者上曲解它，以"从他者内部来加

---

① 『丸山眞男集』第16卷、94-96頁。
② 『丸山眞男集』第9卷、115頁。
③ 『丸山眞男集』第11卷、172頁。丸山眞男『自己内対話』、242頁。

以理解"的态度,对待过去的思想。只有抱有这种意识来解读过去的思想,才有可能重新书写"传统"。

但反过来看,丸山的思想史研究,从其初始点的荻生徂徕论和福泽谕吉论开始,很多成果都是对"传统"的再解释。战后"无型社会"的到来,使他再次痛切地感到,有必要重新汲取"传统",使现代日本人身上具备新的"型",并加以实践化。在《忠诚与叛逆》中我们看到了这方面的尝试,尔后丸山撰写了《开国》(1959年)、《幕末视点的变革》(1965年)、《闇斋学与闇斋学派》(1980年)等论文,在《东洋(日本)政治思想史》讲义录中又进一步充实了该思想。通过这些工作,他尝试唤起武士的忠诚精神、佐久间象山思想中的政治现实主义、圣德太子和亲鸾所主张的"超越性普遍者的自觉"等应该继承下去的传统。

《读〈文明论概略〉》

丸山对传统的再解释、再创造的最后尝试是在岩波书店出版的上中下三卷本《读〈文明论概略〉》(1986年)。丸山在同编辑们一起召开的小型读书会上的发言内容形成了该书。作为该书的序文而收录的文章是《怎么从古典中学习》(1977年),文中丸山对逐字逐句仔细理解诸如福泽谕吉的《文明论概略》等经典的意义,说了如下一段话:

> 阅读经典,学习经典的意义——至少有一点是可以使自己与现代隔离开来。所谓"隔离"本身是一种积极的努

力，而不是"逃避"。只有通过有意识地将自己同生活的现代氛围隔离开来，才能养成"保持距离"地观察现代整体状况的眼光。①

面对作为"他者"的古典文本，将其"放在异在的环境里来理解"，能够产生使读者的思维远离身处的现代，转移至其他空间进行短暂旅行的效果。阅读完文本后，又再次回到现代放眼望去，就会发现周围的整个世界完全变成了另一番光景（"整体像"）。对传统的重新解释，也是与重新认识"现代"这个工作相符合的。

在这本书中，关于"智慧"，丸山提到了福泽所谓的判断事物之间关系、分清大小轻重的综合能力，尔后进一步叙述了他独特的知识论②。构成人类智力的根本且至关重要的是：与学校中的学习等没有丝毫关系的、相当于"庶民的智慧""生活的智慧"一类的"睿智"（wisdom），其次是作为"理性智力发挥作用"的"知性"（intelligence）。福泽所谓的"智慧"是包含上述两个层面的东西，而作为各种学问的"知识"（knowledge）和更加细分化的"信息"（information）则不过是从中派生出来的东西而已。

但是，现代"信息社会"将这四种知识的顺序完全颠倒了，陷入"信息最大、睿智最小"的状态。只重视用是或否来回答的简单问题、告诉你如何去做的工具书中的"信息"片段，以及学校秀才们掌握的"智力"，而散见于街头巷尾的

---

① 『丸山眞男集』第13卷、20頁。
② 『丸山眞男集』第13卷、444-445頁。

"知性"和"睿智"则极度消减。——20世纪80年代，后现代思想流行起来，丸山大胆地尝试解说主张"近代"理想的经典，这样做暗含着他对各种思想和学问作为信息毫无关联地得到传播的"信息社会"的根本质疑。这大概可以称为与早期的论文《超国家主义的逻辑和心理》强度相匹敌的、对眼前社会的猛烈批判。

与福柯的对话

1978年（昭和五十三年）4月27日来到日本的法国哲学家福柯在新宿王子酒店（Prince Hotel）的房间里与丸山进行了一次畅谈。福柯读过英文版《日本政治思想史研究》一书，在来日当天的讲演《政治的分析哲学》中也提到该书①。在两人的交谈中，对丸山敬佩不已的福柯邀请丸山在他回国后能到法兰西学院做讲座，丸山则以自己"法语不好"为由婉言谢绝，最后这件事无果而终②。丸山在与内田义彦、木下顺二的鼎谈"围绕传统与现代"（1982年）中，谈及与福柯的那次对话。

> 他们所做的工作全都是反笛卡儿主义的，也就是批判近代合理主义。但经过与他交流，他向我表示，笛卡儿思想（cartesianism）、笛卡儿主义传统极其重要而强大，他

---

① Michel Foucault, *Dits et Écrits*, vol. 3, Paris: Éditions Gallimard, 1994, 549–550. 柄谷行人『ヒユーモアとしての唯物論』、講談社学術文庫、1999年、130–132頁。

② 『丸山眞男書簡集』第3巻、140頁。

们拼命地与之对抗，但同时也深受笛卡儿主义的制约。所以，他们在反抗笛卡儿主义的同时，又使之得以重生。①

福柯在一年前的一次名为"穿透身体的权力"的采访中，就倡导通过历史的重新解释建构"政治"。"用事实的言说来唤起和建构现在还不存在的某种东西，总之'人为'（fictionner）是可能的。把过去的历史作为身之所处的现实来把握，基于政治现实'人为构建'历史，尔后基于历史事实，再'人为构建'现在还不存在的某种政治"②。——一方面基于眼前的现实，另一方面又潜心于过去的历史，在史料的森林里四处寻觅，汲取与此前居于支配地位的传统不同的另外一种传统，将其描绘成一个明确的形态。揭示近代理念的东方政治学学者与宣告近代的"主体"已死的西欧哲学家，都彼此与传统做着斗争，通过重新解释传统的言说，毅然决然地推进"政治"运营。

---

① 『丸山眞男座談』第 8 卷、290-291 頁。
② Michel Foucault, *Dits et Écrits*, vol. 3, Paris: Éditions Gallimard, 1994, 236.

终章　他者感觉

在海边散步的丸山（1950 年，福井惠一藏）

……他是伟大的、严肃的艺术家，本质上是有志向的人，无与伦比的、活泼向上的、敏锐的人，不知疲倦地思考的人。因顽固的意见和激烈的批判所赐，他内心不免会有对不会说话的自己的疑惑和不能随心所欲做事的绝望。这种极为高尚的苦恼，使德加相对过去的巨匠们已经掌握了更加精妙的研究心得，而他又对隐藏在这些巨匠绘画作品中的奥秘艳羡不已，为它们之间相互矛盾的各种完美而倾倒。

（保尔·瓦雷里《德加，舞蹈，素描》）

"大山先生"

在庄司薰的小说《注意了，小红帽》（1969年）中，与作者同名的剧情解说人、都立日比谷高中（曾经的府立一中）三年级学生庄司薰回想，曾在东京大学法学部与"一位了不起的在大学中担当思想史讲座的教授"谈话的场景。在以"庄司薰"为主人公发表的另一部小说《再见，怪杰黑头巾》中，这位教授的名字叫"大山先生"，因在大学纷争中累得一病不起而住进医院。从小说的对话中可以看出，作者无疑把丸山真男当作了原型。剧情解说人的二哥是"大山先生"的学生，两年前的一个夏天，他们一起走在银座的路上，忽然遇到这位先生。下面这段引文出自1995年（平成七年）该书的中公文库新版中。

> 先生颇显意外地说："哎呀，哎呀"，尔后愉快地邀请我们去喝茶。后来，谈话越来越投机，接着又换了一个地方继续聊天喝酒，一直到半夜才结束。当然，我只是在旁边默不作声地倾听。究竟都说了什么呢，现在的我真的有许多感想和思考。不知如何表达才好，譬如，我在此之前也读过许多书，也有过思考，一边看着我喜欢的二哥（别笑啊，请听下去），一边曾迷惑不解而思考过，所谓知性是极其自由、柔软的，是可以无限地延伸和丰富发展的，它或飞跃或突进或停步不前，而其最终的目标大概是要变成某种非常非常宽容的东西，只要尽力支持这种宽容的存

在，它就会变得强大起来。看着那天夜里对我们（特别是我二哥）说"这样聊天真的是快乐啊！"，一直兴高采烈聊着天的了不起的先生，我感觉我的那些思考方式是正确的（可能有骄傲自大之嫌），正因如此我感到眼前一片光明。

引文有些长了，这位剧情解说人说话如此饶舌本身就活生生地表现了丸山说话的样子。庄司薰1959年（昭和三十四年）从东京大学预科班文科二类（现在的文科三类）升入法学部，他曾经听过丸山的课堂讨论。作为这部小说的雏形的短篇小说也首次发表在当时由参加丸山课堂讨论的人创办的同人杂志上。

"人生就是形式"

如果将这一记述仅仅与作者的经历结合起来读的话，好像是单纯地对恩师的赞美，但是这部小说创作于1969年（昭和四十四年）3月，尚处于东京大学学生纷争尚未偃旗息鼓的时期，结合这一点来考虑，它的意义就显得更为重大了。

在此前的12月份，对于蜂拥而至把法学部研究室封锁起来的全共斗的学生，丸山怒斥道："法西斯主义者也未曾做过这样的事情，你们要做吗？"这句话引起了轰动，使他成为众矢之的。2月24日，丸山正要去上课的时候，学生们抓住他，将其强行带至文学部的一间大教室。从高耸的阶梯教室座位上涌下来的数百名学生将丸山团团包围，"批判大会"持续了两个小时。丸山拒绝在暴力胁迫下讲话,学生批判他是"拘泥于形式上的原则,拒绝实质性地回应我们的批判",丸山则大义凛然、斩钉截铁地说:"人生就是形式"。但是,这句以格奥尔格·齐美尔的讲演为背景的话语也在嘲笑和"荒唐!"的怒号声中被完全淹没了①。

这一系列的事件从整体上该如何进行评价呢?这些问题暂且勿论,有一点是确定无疑的,全共斗的学生与作为教师的丸山之间,就如同住在不同世界的人之间产生了语言不通的问题。内与外的断绝,在此处更为深刻地表现了出来。

通过与"大山先生"的对话,切实地感到"所谓知性,是不仅给自己也会使他人获得自由、舒畅和充实感的东西"的"庄司薫"本身,就成为对学生和教师之间,以及分裂为多个政治党派的学生团体之间彼此憎恨并想要消灭对方之状态的批判。其后,20世纪70年代,日本新左翼各党派因为内讧而不断发生相互杀戮,最终走向了自我灭亡。目睹了这一过程的丸山通过《闇斋学与闇斋学派》(1980年)一文,详细分析了炽烈地争夺教义之"正统"的德川时代山崎闇斋学派朱子学者之间的论争②。

为了对话和友情

在这个时代,人与人之间,集团与集团之间,国与国之

---

① 丸山眞男『自己内対話』、みすず書房、1998年。宫村治雄「ある情景」、『図書』568号(1996)。

② 丸山眞男『自由について―七つの問答―』、編集グループ〈SURE〉、2005年。

终章 他者感觉

间,被各自封闭在自己的"世界"中,彼此之间很难实现相互理解。在这种状况下,为防止不宽容给人类世界带来悲剧,丸山认为抱有"他者感觉"、一直立足于"边界"是最后唯一的选择。而"形式""型"以及前面引文中出现的"知性"都是为培育"他者感觉"抑或在个人情感喷薄而出时还能守护住"他者感觉"的不可或缺的道具。只有凭借"他者感觉",才可能形成既承认彼此不同,又持续"对等地交往"的态度。实际上,身处 1960 年安保反对运动的旋涡中时,丸山就在杂志《青春的手帖》上发表了题为《致寻找朋友的人们》的友情论。

> 基于尊重个性之上的人际关系,是立足每个人的基本情况,是不会受某天的情绪所影响的永远可持续的关系。两个朋友的关系,就应像两个轮子连在一起的状态。两个轮子因为连在一起而变得强大。它们两个既不能毫无关系,也不能重叠在一起。总之,自己抱有希望的事情,也理所当然地认为对方也会有如此想法,这种对对方的过高期待,不仅在朋友关系中,在亲子关系、夫妇关系和兄弟关系等所有人际关系中都存在。将自己完全投影到对方身上,通过自己建构起来的形象来理解他人,就是因为没有弄清楚自己和他人的不同而造成的结果。所以,当那种形象和梦想破灭时会悲伤不已,彼此间的憎恨会更胜百倍。①

与登载杂志的风格有关系,文章多少带有些说教的味道。其中丸山倡导的是:一方面深刻地觉悟出朋友之间彼此互为

---

① 『丸山眞男集』第 8 卷、320 頁。

"他者"，另一方面不对彼此出现难以理解的情况表示绝望，也不将对方从一开始就排除在外，而要建立某种成熟的友情关系。

试想丸山本人的言行也经常受到大众媒体的瞩目，他既要避开他们的关注，还要在自己生活的空间里实实在在地持续保持着与各种人亲近的关系。其范围如果用社会上所谓的权威序列来大体排列的话，上有政府政党的派阀领袖、诺贝尔文学奖获得者，下至授课的学生、素未谋面的读者，在他的书信集中收录的数量庞大的信件也显示出他交友的广泛性。与政治一样，即使在学问领域，对于倡导"在家佛教"的业余爱好者的丸山而言，所有人作为广义上的知识承担者，都应该是交流的对象①。庄司薰在林达夫的评论集《共产主义式的人们》（1951年）中公文库版所载的解说中的一段话，大概与丸山的思想也有共鸣。

> 与价值的多元化、相对化同时出现的还有信息洪流的汹涌而至，我们现在在作为自我形成之前提的信息选择阶段就已经要手足无措了。在此时，唯一有效的方法大概就是选择最终值得信赖的最为素朴的"人"，寻找真正可以相信的知性，而后学习他的"睿智"和"方法"。②

在有关社会"大问题"的报道和评论满天飞的这个世界，选择可以信赖的"人"，看起来是极为狭隘的、不切实际的做法。但是，或许真的只剩下这个办法了。或者说，现实的状况

---

① 『丸山眞男集』第9卷、181頁。
② 庄司薫「解説——特に若い読者のために」、林達夫『共産主義の人間』、中公文庫、1973年、所収。

是真正这样做的人越来越少了。如果丸山留下的作品今后还会不断为人们所阅读,以"知"的关联,使无数的读者与丸山在思想上进行对话,尽管他的思想为涓涓细流,却也会无限绵延下去。作为思想家的丸山为之奋斗一生的东西,无非是为阅读自己作品的读者,唤起通向知的可能性的一种希望而已。

参考文献[1]

明石博隆・松浦総三編『昭和特高弾圧史』第一巻、太平出版社、1975年。

坂野潤治「長尾龍一『日本国家思想史研究』：『国体論』を三原理に分けて示唆に富む」、『中央公論』1997年12号。

田頭慎一郎「『青ざめ』たのは何者か？—『超国家主義の論理と心理』の一文をめぐって—」、『丸山眞男手帖』35号（2005）。

Foucault, Michel. *Dits et Écrits*：1954-1988. Vol. 3. Paris：Gallimard, 1994.

藤原保信『政治理論のパラダイム転換』、岩波書店、1985年。

藤田省三『藤田省三著作集10 異端論断章』、みすず書房、1997年。

福田歓一『丸山眞男とその時代』、岩波書店、2000年。

権左武志「丸山眞男の政治思想とカール・シュミット—

---

[1] 日文资料来源的出版地除非另有说明，一般都是东京。

丸山眞男の西欧近代理解を中心として―」、『思想』903‐04号（1999）。

塙作楽『岩波物語』、塙作楽著作刊行会、1990年。

埴谷雄高「武田百合子さんのこと」、1993年（『虹と睡蓮』、未来社、1995年）。

長谷川宏「戦後啓蒙思想の栄光と悲惨／思想課題としての丸山眞男―丸山眞男著『戦中と戦後の間』をめぐって―」、『日本読書新聞』1977年1月24日。

橋川文三『日本の百年4・アジア解放の夢』、筑摩書房、1967年。

秦郁彦『昭和史の謎を追う』下巻、文芸春秋、1993年。

林房雄・三島由紀夫「対話・日本人論」、『決定版三島由紀夫全集』第39巻、新潮社、2004年。

氷上英廣『ニイチェ―運命と意志―』、新潮社・生ける思想叢書、1949年。

平石直昭「戦中・戦後徂徠論批判―初期丸山・吉川両学説の検討を中心に―」、東京大学社会科学研究所『社会科学研究』39巻1号。

堀真清「侃堂丸山幹治―忘れられた政論記者―」、河原宏ほか編『日本思想の地平と水脈』、ぺりかん社、1998年。

堀越正光『「東京」探見―現役高校教師が案内する東京文学散歩―』、宝島社、2005年。

一高自治寮立寮百年委員会（編）『第一高等学校自治寮六十年史』本史・年表、一高同窓会、1994年。

五十嵐武士『戦後日米関係の形成—講和・安保と冷戦後の視点に立って—』、講談社学術文庫、1995年。

飯田泰三『戦後精神の光芒—丸山眞男と藤田省三を読むために—』、みすず書房、2006年。

生田勉日記刊行会（編）『杳かなる日の：生田勉青春日記 1931—1940』、麦書房、1983年。

石田雄『丸山眞男との対話』、みすず書房、2005年。

石井和夫「『日本政治思想史研究』を出したころ」、『丸山眞男集』第2巻付録・月報9号、1996年。

石井勖『東大とともに五十年』、原書房、1978年。

伊藤隆『近衛新体制—大政翼賛会への道—』、中公新書、1983年。

神島二郎『政治をみる眼』、日本放送出版協会、1979年。

柄谷行人『ヒューモアとしての唯物論』、講談社学術文庫、1999年。

加藤節『政治と知識人—同時代史的考察—』、岩波書店、1999年。

川崎修「『忠誠と反逆』を読む」、『思想』888号（1999）。

「丸山眞男における思想史と政治理論」、『日本思想史学』32号（2000）。

Kelsen, Hans. "Platonic Justice." Translated by Glenn Negley. Ethics 48, no. 3 (April 1938).

Kersten, Rikki. *Democracy in Postwar Japan: Maruyama Masao and the Search for Autonomy*. London/New York: Routledge，1996.

北川隆吉ほか編『戦後民主主義「知」の自画像－21世紀へのダイアローグ－』、三省堂、2000年。

小林正弥編『丸山眞男論－主体的作為、ファシズム、市民社会－』、東京大学出版会、2003年。

久野収「市民主義の成立」、『市民主義の成立』、春秋社、1996年。

小泉信三「日清戦争と福澤諭吉」、『小泉信三全集』第13巻、文芸春秋、1968年。

小松茂志「史的唯物論と『現代』」、『思想』395号（1957）。

熊野純彦『西洋哲学史－古代から中世へ－』、岩波書店、2006年。

丸山邦男『天皇観の戦後史』、白川書院、1975年。

丸山邦男『遊撃的マスコミ論－オピニオン・ジャナリズムの構造－』、創樹社、1976年。

丸山邦男『コラムの世界－フリーライターの戦後史－』、日本ジャーナリスト専門学院出版部、1981年。

丸山眞男「復古調をどう見るか」、『丸山眞男手帖』11号（1999）。

Maruyama Masao. *Thought and Behavior in Modern Japanese Politics*. Edited by Ivan Morris. London：Oxford University Press，1963.

Maruyama Masao. *Studies in the Intellectual History of Tokugawa Japan*. Translated by Mikiso Hane. Princeton：

Princeton University Press，1974.

丸山眞男「聞き書き・庶民大学三島教室」上、『丸山眞男手帖』22号（2002）。

丸山眞男「秋陽会記」、『丸山眞男手帖』7号（1998）。

丸山眞男『自己内対話』、みすず書房、1998。

丸山眞男「二十四年目に語る戦争体験」、『丸山眞男手帖』6号（1998）。

丸山眞男「蝋山政道教授行政学試験答案」、『丸山眞男手帖』23号（2002）。

丸山眞男『自由について―七つの問答』、京都：編集グループ「sure」2005。

丸山眞男・梅津順一「第七十八回　マックス・ウェーバの会例会にて」、『丸山眞男手帖』32号（2005）。

丸山眞男・福田歓一編『聞き書・南原繁回顧録』、東京大学出版会、1989年。

丸山鐵雄『歌は世につれ』、みすず書房、1983年。

松本武四郎「『まっさん』との付き合い」、『丸山眞男集』第六巻付録・月報4号（1995）。

松下圭一「〈市民〉的人間型の現代的可能性」、『戦後政治の歴史と思想』、ちくま学芸文庫、1994年。

松山幸雄「有効だった『丸山助言』」、『丸山眞男集』第10巻付録・月報10号（1996）。

松沢弘陽・千葉眞『ICU 一般教育シリーズ35・政治学講義』、国際基督教大学教養学部、2003年。

三木睦子『心に残る人びと』、岩波書店、1997年。

三島由紀夫「果しえてゐない約束―わたくしの中の二十五年―」、『決定版三島由紀夫全集』第36巻、新潮社、2003年。

「みすず」編集部編『丸山眞男の世界』、みすず書房、1997年。

三谷太一郎『近代日本の戦争と政治』、岩波書店、1997年。

三谷太一郎「日本の政治学のアイデンティティを求めて―蝋山政治学に見る第一世界戦争後の日本の政治学とその変容―」、『成蹊法学』第49号（1999）。

宮村治雄「戦後天皇制論の諸相―『自由』の内面化をめぐって―」、『戦後日本：占領と戦後改革』第三巻、岩波書店、1995年。

宮村治雄「ある情景」、『図書』568号（1996）。

水谷三公『丸山真男―ある時代の肖像―』、ちくま新書、2004年。

中村哲『日本現代史大系・政治史』、東洋経済新報社、1963年。

中野敏男『大塚久雄と丸山真男―動員、主体、戦争責任―』、青土社、2001年。

南原繁「自由主義の批判的考察」、『南原繁著作集』第3巻、岩波書店、1973年。

南原繁「フィヒテに於ける国民主義の理論」、『筧教授還暦祝賀論文集』、有斐閣、1934 年。

南原繁「人間と政治」、『南原繁著作集』第 3 巻、岩波書店、1973 年。

南原繁「新日本文化の創造」、『南原繁著作集』第 7 巻、岩波書店、1973 年。

根岸和一「『釘萬』に育って」、東京都新宿区立新宿歴史博物館編『内藤新宿の町並とその歴史』、新宿区教育委員会、1991 年。

Oakeshott, Michael. "The Political Economy of Freedom." In *Rationalism in Politics and Other Essays*. London: Methuen & Co., 1962.

小尾俊人『本は生まれる。そして、それから』、幻戯書房、2003 年。

小川晃一ほか「座談会・小川晃一教授を囲んで」、『北大法学論集』40 巻 5・6 号、1990 年。

大久保利謙「大正時代」、『国史大辞典』第 8 巻、吉川弘文館、1987 年。

大隅和雄・平石直昭編『思想史家　丸山真男論』、ぺりかん社、2002 年。

蝋山政道『日本政治動向論』、高陽書院、1933 年。

蝋山政道『日本の歴史 26・よみがえる日本』、中央公論社、1967 年。

酒井郁造「丸山真男先生と三島庶民大学」、『丸山眞男手帖』第 4 号（1998）。

酒井哲哉『近代日本の国際秩序論』、岩波書店、2007年。

坂本義和「醒めた規範的リアリズム」、『丸山眞男集』第5巻付録・月報3号（1995）。

佐々木毅「わが20世紀人／丸山真男」、『読売新聞』1997年8月9日夕刊。

清水幾太郎「わが人生の断片」、『清水幾太郎著作集』第14巻、講談社、1993年。

庄司薫『赤頭巾ちゃん気をつけて』、中公文庫、1995年。

庄司薫「解説―特に若い読者のために―」、林達夫『共産主義的人間』、中公文庫、1973年。

高見勝利『宮沢俊義の憲法学史的研究』、有斐閣、2000年。

高三啓輔『サナトリウム残影―結核の百年と日本人―』、日本評論社、2004年。

武田泰淳「忠勇なる諸氏よ」、『武田泰淳全集』第15巻、筑摩書房、1972年。

武田百合子『犬が星見た―ロシア旅行―』、中公文庫、1982年。

竹前栄治『占領戦後史』、岩波書店、2002年。

竹内洋『大学という病―東大紛擾と教授群像』、中央公論新社、2001年。

竹内洋『丸山真男の時代―大学・知識人・ジャーナリズ

ムー』、中公新書、2005 年。

田舛彦介ほか「広島軍隊時代をともにして―聞き書：田舛彦介―」、『丸山眞男手帖』第 34 号（2005）。

田邊元「国家的存在の論理」、『田邊元全集』第 7 巻、筑摩書房、1963 年。

東京大学百年史編纂委員会『東京大学百年史』、東京大学、1985 年。

東京大学政治学研究会「『忠誠と反逆』合評会コッメント」、『丸山眞男手帖』第 36 号（2005）。

戸谷敏之『イギリス・ヨーマンの研究』、御茶の水書房、1952 年。

津田左右吉「建国の事情と万世一系の思想」、『世界』第 4 号（1946）。

津田左右吉「明治維新史の取扱ひについて」、『世界』第 22 号（1947）。

鶴見俊輔編『「思想の科学」五十年―源流から未来へ―』、思想の科学社、2005 年。

都築勉『戦後日本の知識人―丸山眞男とその時代―』、世織書房、1995 年。

鵜飼信成「宮沢憲法学管見」、『ジュリスト』807 号、1984 年。

牛村圭『「文明の裁き」をこえて――対日戦犯裁判読解の試み』、中央公論新社、2001 年。

Wels, Otto. Speech against the passage of the Enabling Act

(March 23，1933)，in *Stenographische Berichte des Deutschen Reichstages*，457：36-38. English translation by Thomas Dunlap.

矢部貞治「銀杏の巻」、『矢部貞治日記』、読売新聞社、1974 年。

山本七平「山本七平ライブラリー 16・静かなる細き声」、文芸春秋、1997 年。

安田武・丸山邦男「学生―きみ達はどうするか―」、日本文芸社、1968 年。

吉野源三郎『職業としての編集者』、岩波新書、1989 年。

吉住唯編『KAWADE 道の手帖・丸山眞男』、河出書房新社、2006 年。

丸山真男著作汉译本一览

丸山真男. 福泽谕吉与日本近代化. 区建英，译. 北京：北京师范大学出版社，2018.

丸山真男. 日本政治思想史研究. 王中江，译. 北京：三联书店，2000.

丸山真男. 现代政治的思想与行动. 陈力卫，译. 北京：商务印书馆，2018.

丸山真男. 日本的思想. 区建英，刘岳兵，译. 北京：三联书店，2009.

丸山真男. 日本的思想. 蓝弘岳，译. 新北：远足文化，2019.

丸山真男. 丸山真男讲义录：第六册. 唐永亮，译. 成都：四川教育出版社，2017.

丸山真男年谱

时间	丸山真男大事记	日本和世界上发生的事件
1914（大正三年）	3月22日，作为丸山干治（侃堂）和SEI的第二个儿子，出生于大阪府东成郡天王寺村（现在的大阪市阿倍野区）	
1918（大正七年）		第一次世界大战结束
1920（大正九年）	进入兵库县武库郡精道村（现在的芦屋市）精道普通小学读书	
1921（大正十年）	丸山一家搬到东京市四谷区麹町（第二年，又搬至爱住町）。转学到四谷区立四谷第一普通小学	
1923（大正十二年）		关东大地震
1926（昭和元年）	进入东京府立第一中学	
1931（昭和六年）	进入一高文科乙类班学习	"九·一八事变"爆发
1933（昭和八年）	参加唯物论研究会创立纪念第二次讲演会，被本富士警察署检举、拘留	德意志第三帝国成立泷川事件
1934（昭和九年）	进入东京帝国大学法学部政治学科学习	

续表

时间	丸山真男大事记	日本和世界上发生的事件
1935（昭和十年）		"国体明征"运动
1936（昭和十一年）		"二·二六事件"
1937（昭和十二年）	从东京帝国大学法学部政治学科毕业，成为该学部助教	"卢沟桥事变"爆发
1939（昭和十四年）	在东京帝国大学法学部开设政治学、政治学史第三讲座（日本及东洋政治思想史）	
1940（昭和十五年）	在《国家学会杂志》上发表《近世儒教的发展中徂徕学的特质及其与国学的关联》，后成为东京帝国大学法学部副教授	第二次近卫文麿内阁成立
1941（昭和十六年）		"大东亚战争"开始
1942（昭和十七年）	负责讲授政治学、政治学史第三讲座（日本及东洋政治思想史）	
1944（昭和十九年）	结婚，应征赴朝鲜平壤	
1945（昭和二十年）	再次应征赴广岛市宇品的陆军船舶司令部。遭遇到核爆。战后，参加青年文化会议、庶民大学三岛教室	承诺接受《波茨坦宣言》二战结束
1946（昭和二十一年）	在杂志《世界》上发表《超国家主义的逻辑和心理》	日本国宪法颁布
1949（昭和二十四年）	参与创建"和平问题谈话会"	
1950（昭和二十五年）	晋升为东京大学法学部教授。执笔《第三次围绕和平的声明》的第一章和第二章	朝鲜战争爆发

续表

时间	丸山真男大事记	日本和世界上发生的事件
1951（昭和二十六年）	因为肺结核，进入国立中野疗养所治病疗养	
1952（昭和二十七年）	《日本政治思想史研究》出版	
1954（昭和二十九年）	结核病复发再次住院，接受左肺上叶切除和胸腔成形手术。《政治学事典》出版	
1956（昭和三十一年）	《现代政治的思想与行动》上卷出版（下卷1957年出版）	对斯大林的批判 匈牙利十月事件
1958（昭和三十三年）	参加宪法问题研究会	
1960（昭和三十五年）	在《近代日本思想史讲座》中刊发《忠诚与叛逆》一文，发表《抉择的时刻》《复始之说》等讲演	1960年安保反对运动
1961（昭和三十六年）	出版《日本的思想》，在《每日新闻》上发表《使右翼暴力有增无减之物》。接受哈佛大学特别客座教授的邀请（至1962年6月）	"风流梦谭"事件
1962（昭和三十七年）	来到英国，旅居牛津大学（直至1963年4月）	
1965（昭和四十年）	参与"关于越南问题对日本政府的期望"声明	美国开始轰炸越南北部
1968（昭和四十三年）	因为东大学生纷争，全共斗的学生封锁法学部研究室，为保护明治新闻杂志文库所藏的文件住在文库库房	
1971（昭和四十六年）	还未到退休年龄就辞去东京大学法学部教授	
1972（昭和四十七年）		《中日联合声明》

续表

时间	丸山真男大事记	日本和世界上发生的事件
1974（昭和四十九年）		田中角荣政治资金问题
1975（昭和五十年）	旅居在牛津大学，负责日本讲座。成为普林斯顿高等学术研究所成员（至1976年4月）	
1976（昭和五十一年）	被加利福尼亚大学伯克利分校聘为特别客座教授（5—8月）。《战中与战后之间》出版	在中国，"四人帮"被打倒
1982（昭和五十七年）		中曾根康弘内阁成立
1983（昭和五十八年）	被加利福尼亚大学伯克利分校聘为特别客座教授（3—6月）	
1986（昭和六十一年）	《读〈文明论概略〉》出版	
1989（平成元年）	在《60》上发表《围绕昭和天皇的琐忆》	昭和天皇驾崩
1991（平成三年）		海湾战争爆发，苏联解体
1992（平成四年）	《忠诚与叛逆》出版	
1993（平成五年）	参加"言论人、评论家反对强制施行小选举区比例代表并立制的紧急呼吁"。感觉身体异常，接受检查后得知患上肝癌	细川护熙内阁成立
1995（平成七年）	《丸山真男集》开始出版	阪神淡路大地震
1996（平成八年）	参与发表"要求政府迅速支付战后赔偿"声明，8月15日，因为肝癌恶化去世，享年82岁	

译后记

  翻译这本书当为我自己的本业。我 2006 年从中国社会科学院研究生院日本系博士毕业进入中国社科院日本研究所文化研究室工作，因所在单位主要从事战后日本研究，故于我而言存在一个研究方向调整的问题。在单位领导和前辈的帮助下，我将研究方向确定为战后政治思想史研究，具体以丸山真男政治思想研究为切入点。以思想家研究为主的教义史研究是思想史研究的一个基本方法，因撰写博士论文《中江兆民的国际政治思想研究》，我对这个研究方法相对熟悉。而选择丸山真男作为研究对象，还有一层原因。2005 年，我作为客座研究员在日本法政大学学习期间，得到作为指导教授的饭田泰三先生的多方关照，他是丸山真男的学生。先生为我开了一门课程"《三醉人经纶问答》讲读"，还赠送我一套《中江兆民全集》让我写论文时利用，令我颇为感动。先生为人为学堪称楷模。现在想来，饭田先生身上大概也保留着丸山先生的遗风吧。无论是在日本，还是在中国，日本政治思想史研究都并不算热门，但心怀执念，以史鉴今，也算是一种对前辈的致敬吧。

译后记

2016年，林美茂教授邀请日本东京大学苅部直教授到中国人民大学做了一场以日本思想史研究为主题的讲座，我有幸到场聆听。苅部直教授所著《丸山真男——一位自由主义者的肖像》运用大量一手文献，深入剖析了丸山一生将近代理念与日本现实相结合的苦斗过程。该书在日本学界颇受好评，荣获第28次日本三得利学艺奖。这次会面后，我写信给苅部教授表示有意将该书翻译成中文，他欣然同意并寄来该书日本版和英文版两个版本，嘱咐我英文版的参考书目更为全面，可以参考使用。译稿完成后，苅部教授做了非常认真的核校工作，其精益求精的为学态度和传道解惑精神使我受益匪浅。

在本书的翻译过程中，得到林美茂教授的无私帮助，在此表示由衷的感谢。同时，还要感谢中国人民大学出版社张杰和夏贵根为本书出版付出的辛苦努力。

翻译中难免会有错漏之处，请学界同人批评指正！

唐永亮

2020年10月　于北京

MARUYAMA MASAO: RIBERARISUTO NO SHOZO
By Tadashi Karube
Copyright © 2006 by Tadashi Karube
Originally published in 2006 by Iwanami Shoten, Publishers, Tokyo
This simplified Chinese version published 2021
by China Renmin University Press.
By arrangement with Iwanami Shoten, Publishers, Tokyo
All Rights Reserved.

图书在版编目（CIP）数据

丸山真男：一位自由主义者的肖像/（日）苅部直著；唐永亮译. --北京：中国人民大学出版社，2021.4
ISBN 978-7-300-29290-8

Ⅰ.①丸… Ⅱ.①苅…②唐… Ⅲ.①丸山真男-传记②丸山真男-政治思想-研究 Ⅳ.①K833.138.9②D093.135

中国版本图书馆CIP数据核字（2021）第069042号

丸山真男
一位自由主义者的肖像
[日] 苅部直 著
唐永亮 译
Wanshan Zhennan

出版发行	中国人民大学出版社		
社　址	北京中关村大街31号	邮政编码	100080
电　话	010-62511242（总编室）	010-62511770（质管部）	
	010-82501766（邮购部）	010-62514148（门市部）	
	010-62515195（发行公司）	010-62515275（盗版举报）	
网　址	http://www.crup.com.cn		
经　销	新华书店		
印　刷	北京联兴盛业印刷股份有限公司		
规　格	148 mm×210 mm　32开本	版　次	2021年4月第1版
印　张	7 插页3	印　次	2021年4月第1次印刷
字　数	139 000	定　价	58.00元

版权所有　　侵权必究　　印装差错　　负责调换